FLEISCHGERICHTE

Ob mariniert und langsam im Backofen gebraten oder in würziger Brühe geköchelt - diese köstlichen Gerichten sind eines Festmahles würdig.

Lammbraten mit Gewürzen

Zubereitungszeit:
30 Min.
Garzeit:
90–120 Min.
Für 6 Personen

3 kg Lammkeule
100 g weiche Butter
gemahlener Pfeffer
1 große rote Zwiebel, feingehackt
2 Knoblauchzehen, zerdrückt
1/2 TL gemahlener Kreuzkümmel
1/4 TL gemahlener Zimt
1/4 TL Ingwerpulver
eine Prise Chilipulver
1/4 TL gemahlener Safran
80 ml Olivenöl
Wasser

1 Backofen auf 175 °C vorheizen. Die Lammkeule mit der Hälfte der Butter einreiben und großzügig pfeffern.

2 In einer Schüssel Zwiebel und Knoblauch mit Gewürzen mischen, dann Olivenöl und Wasser hinzufügen. Gut mit einem kleinen Schneebesen oder einer Gabel verrühren.

3 Die Hälfte der Mischung auf der gebutterten Lammkeule verteilen und festdrücken. Den Rest in eine ofenfeste Form geben, in der die Keule ausreichend Platz hat. Restliche Butter in die Form geben und die Lammkeule hineinlegen. Vor dem Braten mindestens 1 Std. bei Raumtemperatur stehen lassen.

5 Dann 90–120 Min. braten, bis die Keule gebräunt und knusprig ist, zwischendurch mit Bratensaft begießen.

Die Hälfte der Mischung auf der gebutterten Keule verteilen. Den Rest in die Form geben.

Die Keule braten, bis sie braun und knusprig ist, dabei häufig mit Bratensaft beschöpfen.

Lamm mit dicken Bohnen und Artischocken

Zubereitungszeit: 15 Min.
Garzeit: 90 Min.
Für 6 Personen

2 kg Lammkoteletts, pariert
1 1/2 TL Ingwerpulver
1 TL gemahlener Safran
2 Knoblauchzehen, zerdrückt
2 EL Pflanzenöl
gemahlener Pfeffer
750 ml Wasser
1 kg dicke Bohnen, ausgepalt
1 Dose Artischockenherzen (440 g)
Schalen von 1 eingelegten Zitrone (s. Seite 4)
1 EL Zitronensaft
10 kleine schwarze oder grüne Oliven

1 Lammkoteletts mit Ingwer, Safran, Knoblauch, Öl und Pfeffer in einen großen, schweren Topf geben.

2 Das Wasser hinzufügen und den Deckel auflegen. Das Fleisch etwa 90 Min. behutsam garen, bis es weich ist. Nötigenfalls weiteres Wasser zufügen, damit es bedeckt bleibt.

3 Die Koteletts aus der Garflüssigkeit nehmen. Fett abschöpfen.

4 Die Bohnen in kochendem Wasser etwa 6 Min. garen, bis sie weich sind. Abtropfen lassen und beiseite stellen.

5 Die Garflüssigkeit des Fleisches reduzieren, bis sie etwas eingedickt ist.

6 Koteletts und Bohnen zu der reduzierten Garflüssigkeit in den Topf geben. Artischockenherzen und in kleine Stücke geschnittene Zitronenschalen hinzufügen. Zutaten ohne Deckel bei niedriger Temperatur etwa 15 Min. erhitzen.

7 Zitronensaft und Oliven hinzufügen und servieren.

TIP
Artischocken können durch Tomaten aus der Dose ersetzt werden.

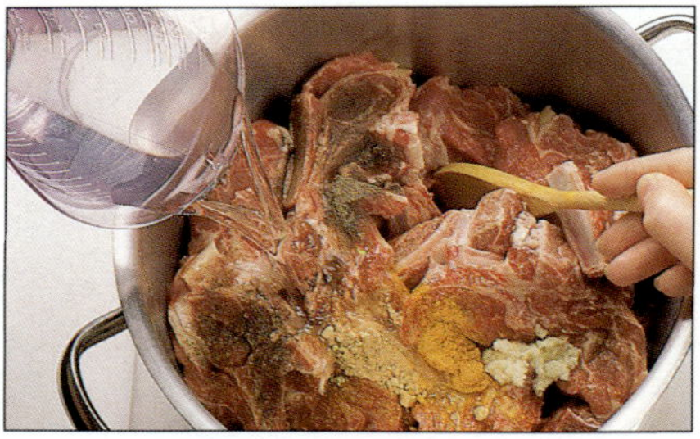

Koteletts und Gewürze in einen Topf geben. Mit Wasser bedeckt köcheln lassen.

Dicke Bohnen in kochendem Wasser etwa 6 Min. weich garen, dann abtropfen lassen.

Das Fleisch wieder in die reduzierte Garflüssigkeit legen und die Bohnen hinzufügen.

Artischockenherzen und Zitronenstücke in den Topf geben und untermischen.

Lammkeule mit Chermoula

Über Nacht marinieren.

Zubereitungszeit:
25 Min. + 3 Std. Wartezeit
Garzeit:
45 Min.
Für 6 Personen

1 mittelgroße Zwiebel, gerieben
2 Knoblauchzehen, zerdrückt
4 EL gehackte glatte Petersilie
4 EL gehackter frischer Koriander
1/2 TL gemahlener Kreuzkümmel
1/2 TL gemahlener Safran
1/2 TL Harissa (s. Seite 8)
125 ml Olivenöl
2 EL Zitronensaft
1/2 kg Lammkeule

1 Für die Chermoula: Zwiebel, Knoblauch, Petersilie, Koriander, Kreuzkümmel, Safran, Harissa, Olivenöl und Zitronensaft vermischen und 1 Std. stehen lassen.
2 Die Lammkeule am dikkeren Ende beginnend um den Knochen herum einschneiden. Das Fleisch ablösen und den Knochen entfernen. An der dicksten Stelle des Fleisches ein- aber nicht durchschneiden. Das Fleisch aufklappen.
3 Das Fleisch beiderseits mit Chermoula-Mischung bestreichen und mindestens 2 Std. durchziehen lassen.
4 Etwa 45 Min. auf dem Holzkohlengrill garen, dabei häufig drehen. Das Fleisch quer zur Faser in dicke Scheiben schneiden und servieren.

Hinweis: Harissa ist eine scharfe Würzpaste, die in Marokko häufig verwendet wird. Die Grundzutaten sind rote Chillies, Cayennepfeffer, Olivenöl und Knoblauch. Harissa sollte die Konsistenz einer leichten Mayonnaise haben. Sie paßt besonders gut zu pochierten Eiern, oder Würsten.

Zwiebel, Knoblauch, Petersilie, Koriander, Kreuzkümmel, Safran, Harissa, Öl und Zitrone vorbereiten.

Die Zutaten sorgfältig vermischen und 1 Std. stehen lassen.

Das Fleisch entbeinen. An der dicksten Stelle einschneiden und das Fleisch aufklappen.

Das Fleisch von beiden Seiten mit Chermoula bestreichen und durchziehen lassen.

Lamm-Tagine mit Quitten

Zubereitungszeit: 30 Min.
Garzeit: 1 Std.
Für 6 Personen

1 kg Lammschulter, in 2 cm große Stücke geschnitten
2 große Zwiebeln, in 1 cm große Würfel geschnitten
gemahlener Pfeffer
1/2 TL milder Paprika
1 Bund frischer Koriander, feingehackt
1/4 TL gemahlener Safran
1/2 TL gemahlener Ingwer
500 g Quitten, geschält, halbiert, das Kerngehäuse entfernt
60 g Butter
1 Becher entsteinte Backpflaumen, eingeweicht

1 Fleischwürfel und die Hälfte der Zwiebelwürfel in einen großen, schweren Topf geben. Nach Geschmack mit Pfeffer und Paprika würzen, und dann mit Wasser bedekken.

2 Frischen Koriander, Safran und Ingwer zugeben. Die Zutaten zum Kochen bringen, dann die Hitze reduzieren und den Topfinhalt zugedeckt etwa 1 Std. köcheln lassen, bis das Fleisch weich ist.

3 Die Quitten in etwa ebenso große Stücke wie das Fleisch schneiden und mit den restlichen Zwiebelwürfeln in einer Pfanne in Butter garen, bis sie hell goldbraun sind.

4 Nach der Hälfte der Garzeit Zwiebeln, Quitten und Backpflaumen zum Fleisch geben. Den fertigen Eintopf in einer vorgewärmten Schüssel servieren.

Hinweis: Paprikapulver ist in unterschiedlichen Schärfen erhältlich. Wer es würziger mag, verwendet scharfen Paprika.

TIP
Anstelle von Backpflaumen kann man Datteln und anstatt Quitten, Birnen verwenden bzw. eine diese Zutaten miteinander kombinieren.

Fleisch und Zwiebeln mit Pfeffer und Paprika würzen und mit Wasser bedecken.

Frischen Koriander, Safran und Ingwer sorgfältig untermischen. Das Fleisch köcheln, bis es weich ist.

Quitten und Zwiebelwürfel in Butter garen, bis sie goldbraun sind.

Nach der Hälfte der Garzeit Zwiebeln, Backpflaumen und Quitten zum Fleisch geben.

Reis-Fleisch-Bällchen

Zubereitungszeit: 30 Min.
Garzeit: 45 Min.
Für 8 Personen

200 g Rundkornreis
500 g gehacktes Lamm- oder Rindfleisch
1 TL gemahlener Zimt
1 TL edelsüßer Paprika
1 TL gemahlener Koriander
150 g Butter oder Butterschmalz
2 große Zwiebeln, feingehackt
1/4 TL gemahlener Safran
gemahlener Pfeffer
500 ml Wasser oder leichte Brühe
1/4 Becher gehackte frische glatte Petersilie
2 EL Zitronensaft

1 Mit einer Gabel Reis und Hackfleisch vermischen und Zimt, Paprika und Koriander hinzufügen. Aus der Fleischmasse etwa 20 gleichgroße Bällchen formen.
2 Butter oder Butterschmalz in einer schweren, hohen Pfanne zerlassen.
3 Die Bällchen portionsweise in der Butter bräunen, dabei häufig drehen.
4 Wenn alle Bällchen gebräunt sind, Zwiebeln, Safran und Pfeffer hinzufügen.
5 Wasser oder Brühe dazugießen und die Bällchen zugedeckt bei mittlerer Hitze etwa 40 Min. garen, dabei gelegentlich umrühren.
6 Petersilie und Zitronen saft zufügen und einige Min. köcheln lassen. Zu den Fleischbällchen Gemüse oder Salat reichen.

Tip

Glatte Petersilie hat ein weit besseres Aroma als krause Petersilie. Gemahlener Safran ist in vielen Supermärkten in Tütchen oder Döschen erhältlich. Man kann jedoch auch Safranfäden ohne Fett rösten und zu Pulver mahlen.

Mit einer Gabel Reis, Hackfleisch, Zimt, Paprika und Koriander vermischen.

Aus der Masse etwa 20 gleichgroße Bällchen formen.

Wenn die Bällchen gleichmäßig gebräunt sind, Zwiebeln, Safran.und Pfeffer hinzufügen.

Wasser und Brühe zu den Bällchen geben. Zugedeckt etwa 40 Min. garen.

Orangen- und Zitronensaft mischen und über Apfel- und Birnenscheiben gießen.

Bananen schälen und in dünne Scheiben schneiden. Zum Obstsalat hinzufügen.

DESSERTS

Durch die großartige Vielfalt der Früchte, die es in Marokko gibt, lassen sich Desserts zubereiten, die die Mahlzeiten auf erfrischende Weise abrunden. Süßigkeiten und Gebäck sind für besondere Anlässe.

Obstsalat auf marokkanische Art

Zubereitungszeit:
20 Min.
Garzeit:
Keine
Für 6 Personen

2 Äpfel
2 Birnen
160 ml Orangensaft
1 EL Zitronensaft
2 Bananen
2 EL Orangenblütenwasser
Schalen von 1 unbehandelten Orange
Puderzucker
1 Schale Erdbeeren, geputzt und halbiert
frische Minzeblätter

1 Äpfel und Birnen nach Entfernen des Kerngehäuses in dünne Scheiben schneiden.
2 Scheiben in eine Servierschüssel geben und Orangen- und Zitronensaft hinzufügen, damit sie sich nicht verfärben.
3 Bananen schälen und in dünne Scheiben schneiden. In die Schüssel geben und behutsam unterheben. Orangenblütenwasser zufügen und je nach Geschmack die Früchte mit Puderzucker bestreuen.
4 Halbierte Erdbeeren zum Salat geben. Die frischen Minzeblätter darüberstreuen.
5 Orangenzesten in dünne Streifen schneiden und 5 Min. in Wasser oder dünnem Zuckersirup garen. Abtropfen lassen. Den Obstsalat garnieren und servieren.

TIP
Beim Erdbeerkauf gleichmäßig gefärbte, dicke Früchte mit frischen, grünen Stielen wählen.

Erdbeerhälften dazugeben. Als Verzierung frische Minzeblätter darüberstreuen.

Orangenschale in dünne Streifen schneiden und 5 Min. in vorbereitetem Sirup garen.

Mandelmakronen

Zubereitungszeit:
30 Min.
Backzeit:
15–20 Min.
Für 6 Personen

150 g Puderzucker, gesiebt
1 Ei, verquirlt
225 g gemahlene Mandeln
2 TL abgeriebene Schale von einer unbehandelten Zitrone
1 TL Vanille-Extrakt
1/4 TL gemahlener Zimt
weiterer Puderzucker zum Verzieren

1 Backofen auf 180 °C vorheizen. In einer großen Schüssel Puderzucker und verquirltes Ei schaumig schlagen.

2 In einer zweiten Schüssel gemahlene Mandeln, abgeriebene Zitronenschale, Vanille-Extrakt und Zimt vermischen, dann nach und nach in die Eimasse rühren.

3 Den Teig etwa 5 Min. in der Schüssel kneten, bis er geschmeidig ist. Mit einem Küchentuch abdecken und 15 Min. ruhen lassen.

4 Den Teig auf einem leicht bemehlten Brett zu einer langen Wurst von etwa 5 cm Dicke rollen. In 24 Stücke schneiden, und jedes Stück zu einer Kugel formen.

5 Die Handflächen leicht ölen und jede Kugel zu einem Kreis von etwa 4 cm Durchmesser flach drücken.

6 Die Kekse mit großen Abständen auf ein gefettetes Backblech setzen, und mit Puderzucker bestreuen. 15–20 Min. backen, bis sie goldbraun sind. Auf einem Kuchengitter auskühlen lassen. In einem luftdicht verschlossenen Behälter aufbewahren.

Hinweis: Mit marokkanischem Obstsalat servieren (s. S. 59).

TIP

Mandeln gehören zu den beliebtesten Nüssen. In einem verschlossenen Behälter an einem kühlen Platz aufbewahren.

Ei und Zucker schaumig schlagen und zu der Mandelmischung hinzufügen.

Masse auf einem bemehlten Brett zu einer Wurst formen und in 24 Stücke schneiden.

Stücke mit geölten Händen zu Kugeln rollen und zu 4 cm großen Kreisen flachdrücken.

Auf ein vorbereitetes Blech setzen und mit Puderzucker bestreuen. Goldbraun backen.

Gebratenes Marokkanisches Zimtbrot

Zubereitungszeit:
15 Min.
Garzeit:
10 Min.
Für 4–6 Personen

1/2 Baguette
1–2 Eier
250 ml Milch
1/2 TL Vanille-Extrakt
Butter
60 g Zucker
1 EL gemahlener Zimt
1/2 TL gemahlene Muskatnuß

1 Die Baguette schräg in 2 cm dicke Scheiben schneiden.
2 In einer Schüssel Eier gut verschlagen, dann Milch und Vanille-Extrakt unterrühren.
3 Butter in einer Pfanne zerlassen.
4 In einer Schüssel Zucker, gemahlenen Zimt und Muskatnuß vermischen.
5 Brotscheiben in die Eiermilch tauchen und in der Butter braten, bis beide Seiten goldbraun und knusprig sind. Auf Küchenkreppapier legen, dann sofort in der Zuckermischung drehen. Bei Bedarf weitere Butter in die Pfanne geben.

Hinweis: Mit Kaffee serviert ist Zimtbrot ein herrliches Frühstück.

Die Baguette schräg in 2 cm dicke Scheiben schneiden.

In einer Schüssel sorgfältig Eier, Milch und Vanille-Extrakt verschlagen.

Marokko

Brotscheiben in die Eiermilch tauchen und in der zerlassenen Butter braten.

Dann sofort mit einer Mischung aus Zucker, Zimt und Muskatnuß überziehen.

EVERGREEN is an imprint of Benedikt Taschen Verlag GmbH

Herausgeber: Michel Buntz - Fotoagentur: Hoa Qui
Text: Eliane Georges
Fotos: Christian Vaisse
Karte und Illustrationen: Jean-Michel Kirsch
Redaktion: Corinne Fossey
Übersetzung: Christian Rauer für GAIA Text, München
Redaktion und Realisation der deutschen Ausgabe: GAIA Text, München
Koordination: Sabine Duda, Köln
Umschlag: Angelika Taschen, Köln

Printed in Italy
ISBN 3-8228-7846-4

Marokko

EVERGREEN is an imprint of Benedikt Taschen Verlag GmbH

Hohenzollernring 53, D-50672 Köln

Herausgeber: Michel Buntz - Fotoagentur: Hoa Qui
Text: Eliane Georges
Fotos: Christian Vaisse
Karte und Illustrationen: Jean-Michel Kirsch
Redaktion: Corinne Fossey
Übersetzung: Christian Rauer für GAIA Text, München
Redaktion und Realisation der deutschen Ausgabe: GAIA Text, München
Koordination: Sabine Duda, Köln
Umschlag: Angelika Taschen, Köln

Printed in Italy
ISBN 3-8228-7846-4

MAROKKO

Text HUGUES DEMEUDE
Fotografien JACQUES BRAVO UND XAVIER RICHER

EVERGREEN

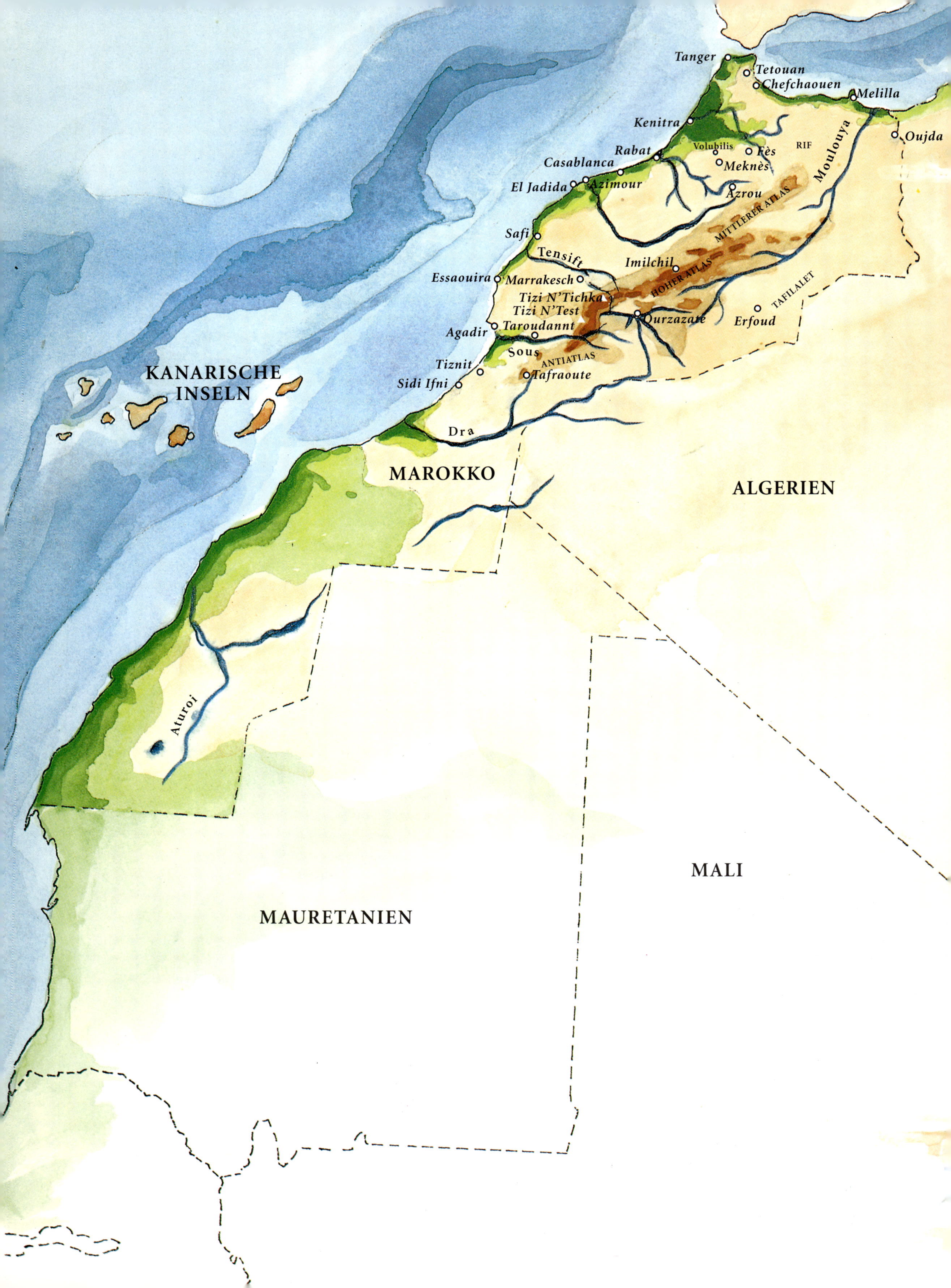

Tanger
Tetouan
Chefchaouen
Melilla
Kenitra
Oujda
Rabat
Volubilis
Fès
RIF
Casablanca
Meknès
Moulouya
El Jadida
Azimour
Azrou
MITTLERER ATLAS
Safi
Tensift
Imilchil
HOHER ATLAS
Essaouira
Marrakesch
Tizi N'Tichka
Tizi N'Test
TAFILALET
Ouarzazate
Erfoud
Agadir
Taroudannt
Sous
ANTIATLAS
Tiznit
Sidi Ifni
Tafraoute
KANARISCHE INSELN
Dra
MAROKKO
ALGERIEN
Aturoi
MALI
MAURETANIEN

Marokko, Land der Legenden und Schmelztiegel der Zivilisationen, hat bis in die Gegenwart hinein nichts von seiner geheimnisvollen Anziehungskraft verloren. Als Brennpunkt einer Mischkultur, deren vielfältige Traditionen sowohl die positiven als auch die negativen Seiten der modernen Entwicklung meistern, enthüllt Marokko seine erstaunlichen Reichtümer dem Besucher, der die Schönheit des Landes kennenlernen möchte. Stärker als andernorts hat in diesem Land mit seiner prächtigen geographischen und geologischen Lage das Rätsel des Lebens die Menschen geprägt.

Von den sandigen Stränden des Atlantiks und den steilen Küsten am Mittelmeer bis hin zu den kahlen, schneebedeckten Bergen mit ihren Gipfeln von mehr als 4 000 Meter Höhe und den Zedernwäldern, aus denen man auf sandige Flächen am Horizont blickt, fasziniert Marokko durch die Schönheit seiner Landschaften. Doch besonders stolz kann das Land zu Recht auf Herz und Geist seiner Bevölkerung sein: Im Einklang mit der Welt, die sich hier wie ein rätselhaftes Wunderwerk offenbart, scheint das marokkanische Volk – seien es nun die Araber, die Berber oder die Bewohner der Sahara – in einer engen Verbindung mit der Natur zu leben, und es zeigt dieselbe großzügige Freigebigkeit. Die islamische Religion, die seit fast zwölf Jahrhunderten die Geschichte des Reiches der Scherifen bestimmt und deren Einfluß weit in den Alltag hineinreicht, hat sich auf diesem gesegneten Boden ganz natürlich entwickelt und verbreitet. Ist das Geheimnis dieser wunderbaren Welt nicht Ausdruck göttlicher Vollkommenheit?

Welche Schätze lassen sich in diesem Mosaik aus Landschaften entdecken! Wie zahlreich sind die Spuren, die mit der Gründung des ersten islamischen Reiches durch Idris I. im 8. Jahrhundert beginnen! Wie groß sind Ausmaß und Bedeutung der bewegten Geschichte voller Vitalität und Kreativität, die sechs Dynastien geschrieben haben! Wie viele Begegnungen und Augenblicke muß man erlebt haben, um die Seele dieses bescheidenen, warmherzigen und leidenschaftlichen Volkes ganz erfassen zu können!

Der Maghreb al Aksa, das »Land im äußersten Westen« (so wurde Marokko von den islamischen Geographen aus dem Orient genannt), wird durch den Kontrast seiner bald gebirgigen, bald flachen Landschaft bestimmt. Im Zentrum Marokkos erstreckt sich das gewaltige Hohe und Mittlere Atlasgebirge, dessen Berge (marokkanisch: Djebel) erstaunliche Höhen erreichen. Der 4 167 m hohe Djebel Toubkal wird mit Vorliebe von Skifahrern besucht. Der nordöstlich gelegene Djebel Ayachi in der Nähe des Talkessels Jaffar erreicht eine Höhe von 3 737 m. Das Landschaftsbild Nordmarokkos wird durch die parallel zur Mittelmeerküste verlaufenden Bergketten des Rifgebirges geprägt (der Djebel Tidirhine ist 2 456 m hoch), während im Süden das karge Plateau des Antiatlas an die Sahara grenzt. Die schneebedeckten Gebirge sorgen durch zahlreiche Flußtäler, den »Oueds«, für die Bewässerung der Hänge, die dem Atlantik zugewandt liegen und sich über etwa 2 500 km erstrecken, die mehr als 500 km langen Hänge zum Mittelmeer sowie in geringerem Ausmaß auch einen bedeutenden Teil der Hänge zur Sahara. Das Flachland Marokkos ist noch großzügiger zu seinen Bewohnern. Je nach Jahreszeit bestimmen Eichenbäume und Zedernwälder, Arganien, Oliven, Palmen, Orangen, Mandelbäume, Weinstöcke, Mais, Gerste, Getreide, Henna und eine große Zahl von Gemüsesorten den Rhythmus des Lebens auf dem Land. Durch seine geographische Lage und seine Wasserressourcen, die das Atlasgebirge Marokko zum Geschenk macht, eint es das Land und hält es zusammen.

Die geographische Einheit des Landes bildet den Kern für eine lange und traditionsreiche Ahnengeschichte, die zunächst von den Berbern bestimmt wurde; es folgten die Phönizier, die Römer, die Vandalen und die Byzantiner. Im Jahre 683 bringen Okba Ibn Nafi und seine arabische Armee mit dem Wort des Propheten Mohammed die Botschaft des Islam in den äußersten Okzident. Damit ist der entscheidende Schritt für die Entwicklung der Nation Marokko getan. Ein Jahrhundert später erhält Idris Ben Abdallah – ein Nachkomme des Propheten – Asyl auf der ge-

Folgende Seiten:
Taroudannt und der schneebedeckte Atlas.

weihten Erde, wird erster Sultan des islamischen Reichs im Maghreb al Aksa und sorgt für die Verbreitung der islamischen Religion, die schon bald zur Grundlage der marokkanischen Einheit wird. Die adligen Nachkommen des Propheten setzen dessen Werk fort, und so folgen nacheinander die Dynastien der Idrisiden, der Saaditen und der Alaouiten, während die Berber durch die mächtigen aristokratischen Dynastien der Almoraviden, der Almohaden und der Meriniden vertreten sind. So entwickeln sich im Laufe der Jahre »zu Ehren Gottes« spezifische Formen der Kultur, der Architektur, des Handwerks und der Lebenskunst. Der Islam, der im Laufe seiner Geschichte die verschiedenen Bevölkerungsgruppen Marokkos verschmolzen hat, ist eine zutiefst tolerante, offene und wohlwollende Religion. Man muß nur einmal mit der Gastfreundschaft und der einfachen Lebensart in Berührung gekommen sein, die etwa der Architekt in Casablanca, der Hotelbesitzer in Marrakesch und die Frau aus dem Stamm der Tuareg in der Sahara zeigen... König Hassan II. schreibt in seinem Buch *Le Défi (Die Herausforderung):* »Marokko gleicht einem Baum, dessen nährende Wurzeln tief im Boden Afrikas liegen und dessen Blattwerk durch die Winde aus Europa Luft zum Atmen bekommt.«

Europa hat ein großes Interesse daran, diesen Atem zu begreifen und zu fördern. Am Ende seines Buches aus dem Jahre 1976 zitiert König Hassan II. die Worte eines italienischen Experten, seinerzeit Vizepräsident der Kommission der Europäischen Gemeinschaft: »Neben den zahlreichen Verbindungen, die Geschichte, Geographie und persönliche Kontakte zwischen Europa und Marokko geknüpft haben, zählt die Tatsache, daß das Mittelmeer für die Europäische Gemeinschaft ein Gebiet von vitaler Bedeutung darstellt. Die Entwicklung der guten Beziehungen zwischen allen am Ufer liegenden Ländern ist eine existentielle Voraussetzung für die Stabilität, sogar für die Sicherheit aller Länder, die in der Europäischen Gemeinschaft vereint sind.« Bis heute behält dieser Kommentar seine Aktualität.

Tanger fällt wie ein Amphitheater zum Mittelmeer hin ab. Die Stadt hat sich in den letzten fünfzig Jahren grundlegend verändert. Das Tor Bab El Bhar (Meerestor) ist eines der Tore Afrikas.

Das Tor Marokkos ist Tanger, ein mythischer Verbindungspunkt zwischen Europa und Afrika, Schnittpunkt von Atlantischem Ozean und Mittelmeer und legendärer Hafen für die Zwischenlandung von Seeleuten aus der ganzen Welt. Seit mehr als einem Jahrhundert zieht die kosmopolitische Stadt vagabundierende Seelen an.

Der französische Journalist Daniel Rondeau zitiert in seinem 1990 erschienenen Buch über Tanger die Worte eines der berühmtesten Bewohner dieser Stadt, des amerikanischen Schriftstellers Paul Bowles: »Ich habe immer gewußt, daß ich in meinem Leben einmal einen Ort finden würde, der mir gleichzeitig Weisheit und Ekstase gäbe.« Das »weiße Tanger«, das Bowles 1931 entdeckte, war für ihn dieser Ort. Tanger blickt auf eine konfliktreiche Geschichte zurück: Zunächst strategischer Handelsplatz der Phönizier an der Meerenge von Gibraltar, war die Stadt über hundert Jahre lang der Grund für Streitigkeiten zwischen den Idrisiden und den Omajaden aus Spanien. Später wurde Tanger Zeuge heftiger Kämpfe zwischen den Dynastien der Berber und erhielt

zwischen 1923 und 1959 einen Sonderstatus als internationale Zone. Die Stadt übt auf Reisende aus allen Ländern einen so starken Reiz aus, daß sie im Lauf der Zeit zu einem Anziehungspunkt für Künstler auf der Suche nach dem ursprünglichen Leben, zum Treffpunkt reicher Exzentriker und zu einem beliebten Aufenthaltsort für Abenteurer jeglicher Couleur geworden ist... Daniel Rondeau betont: »Wenn man sich in den Häusern des Kap Spartel oder in den Mauern einer Kasbah aufhält, könnte man fast meinen, man bräuchte nur den Arm auszustrecken, um Spanien zu berühren. Das Nachbarland ist in der Tat so nah, daß die Europäer lange Zeit die Meerenge, als sei sie die Furt eines Flusses im Sommer, überquert haben, um mit Freunden ein Picknick zu veranstalten. Man kam von überall, für eine Woche, für einen Monat oder für das ganze Leben. Tanger war ein etwas melancholischer Ausflugsort für all diejenigen, die die moderne Gesellschaft auf das Abstellgleis gestellt hatte.«
Wenn Tanger die Blicke der Europäer auch nicht mehr wie früher auf sich zieht und ihre Anziehungskraft nachgelassen hat, so

Von den Höhen des Rif gesehen, erstreckt sich das Mittelmeer hier bis zum Horizont. An der Mittelmeerküste liegen zahlreiche ruhige und kleine Buchten.

An der Mündung des Bou Regreg, der Rabat und Salé verbindet, setzen Boote ans andere Ufer über.

bleibt sie doch ein Fest für die Sinne. Die Stadt liegt in Form eines Amphitheaters am Mittelmeer und gewährt ihren 350 000 Einwohnern einen prächtigen Ausblick auf die ruhige und farbenfrohe Bucht. Die hellen Strände bilden gewissermaßen einen Reif, der die unermeßliche Weite des Meeres mit dem Festland und den sieben Hügeln der Gegend verbindet. Die Stadt, die durch die Hänge vor dem Meerwind geschützt ist, hat sich in den letzten fünfzig Jahren völlig verändert. Man baute Hochhäuser und imposante Wohnblöcke, und heute zeigt sich Tanger als eine moderne maritime Metropole. Rund um den »Petit Socco«, den alten Souk (Markt) in der Medina (der Altstadt), traditionsgemäß der Umschlagplatz für die Handelsgüter aus dem Hafen, stehen nun Hotels, Banken und Restaurants. Auf der Place du 9 avril 1947, »Grand Socco« genannt, herrscht noch immer ein äußerst lebhaftes, lärmendes Treiben. Hier hört man die Handwerker und Händler schimpfen und lachen. Auf dem großen Souk, der von dem farbenprächtigen Minarett der Moschee Sidi Bou Abid überragt wird, sieht man Bäuerinnen aus dem nahe gelegenen

Rifgebirge, die nach Art der Berber mit einer »Fouta«, einem roten Gewand mit weißen Streifen, bekleidet sind und eine Kopfbedeckung mit blauen Quasten tragen; sie bieten geschickt alle erdenklichen Arten von Früchten, Stoffen und Körben an. Die Luft ist erfüllt von Düften, herben und feinen Gerüchen. Man lebt hier ganz in der Gegenwart. Die Medina von Tanger ist wegen ihrer Kasbah berühmt, in der sich der »Dar El Makhzen«, der Palast des Sultans, befindet. Die Festung wurde Ende des 17. Jahrhunderts nach den Wünschen des Sultans Moulay Ismail erbaut und weckt Erinnerungen an einen wilden Lebensstil. Die architektonischen Raffinessen und handwerklichen Meisterwerke im Palast zeugen von einer üppigen Lebensart. Die Säulen aus Marmor, die Decken aus Zedernholz und die verzierten Bögen beherbergen heute die Museen für Altertum und Marokkanische Kunst.

Im Reich des Lichts glänzt Rabat. Mit etwa einer Million Einwohner ist sie die zweitgrößte Stadt Marokkos und Sitz der Regierung, der Staatsverwaltung und des Königspalastes. Sie ist die am besten instand gehaltene und wohlhabendste Stadt des Landes. Entlang

Ein stolzer Einwohner Rabats in traditioneller Kleidung fährt auf dem Strom Bou Regreg, der in den Atlantik mündet.
Blick von der Altstadt Salés auf die berühmte Kasbah des Oudaia in Rabat.
Folgende Seiten:
Die von mächtigen Wällen umgebene Nekropole Chellah ist eine eindrucksvolle Sehenswürdigkeit in Rabat.

Dieses Tor in den Mauern der Kasbah des Oudaia führt zu einem Museum und in einen Garten. Beide sind bei den Bürgern Rabats sehr beliebt.

der Avenue Mohamed V, zwischen der großen Moschee und dem Ministerienviertel in der Nähe des Palais Royal, bietet sie den Anblick einer prosperierenden Stadt. Der Einfluß Europas ist unverkennbar, tut dem Charme aber keinen Abbruch. Hervorzuheben sind fünf gut erhaltene Sehenswürdigkeiten, die Rabat schon zu Jahrhundertbeginn charakterisierten: die zwischen Ozean und dem Oued Bou Regreg liegende Medina, die Kasbah des Oudaia, der Palais Royal, die Nekropole Chellah und die am anderen Ufer des Bou Regreg gelegene alte Stadt Salé.

Die Kasbah des Oudaia erinnert an die Zeiten, in denen der Almohade Yacoub El Mansour Rabat zur Hauptstadt machte. Um das Mündungsbecken vor Angriffen zu schützen, ließ er im 12. Jahrhundert diese Festung errichten; heute dient sie als Militär- und Verwaltungsquartier. Das majestätische Tor der Oudaia, der Nachkommen jener gefürchteten Krieger, die gegen die scherifischen Sultane rebellierten, ist ein Prachtstück almohadischer Kunst. Die Medina von Rabat ist kleiner als jene in Marrakesch und Fès und auch nicht ganz so traditionsreich, geht aber auf die gleichen

Dieser silberne Türklopfer in Gestalt einer Hand der Fatima soll den »bösen Blick« abwehren und Glück bringen.

Wurzeln wie diese zurück und bietet ein ebenso lebendiges Bild. 1912 beschloß der französische General Lyautey, Rabat zum Zentrum der Staatsverwaltung des französischen Protektorats zu machen, und verbot jeden Neubau innerhalb der Medina, die sich zwischen der almohadischen Mauer und der andalusischen Mauer an der Flußmündung befindet.

In der Neustadt stehen auf einem Platz, der den Glanz und die stolze Unabhängigkeit Marokkos symbolisiert, die beiden berühmtesten Bauwerke von Rabat: der Hassanturm und das Mausoleum von Mohammed V. Der 44 m hohe, schmale Hassanturm, den man vom Osten der Stadt aus am besten betrachten kann, ist das alte Minarett der großen Moschee, die von Yacoub El Mansour erbaut wurde. Die rautenförmigen Verzierungen und kleeblattförmigen Bögen sind typisch almohadisch und wirken ebenso majestätisch und robust wie die Koutoubia-Moschee in Marrakesch. Gegenüber dem Turm befindet sich ein Meisterwerk marokkanischer Baukunst, das Mausoleum von Mohammed V., dem großen alaouitischen Sultan, der 1956 starb – fünf Jahre,

8

Die Medina von Rabat ist berühmt für ihre weißen Straßen und die bunten Türen. Die Einwohner der Stadt liefern sich regelrechte Wettkämpfe darin, die Schönheit der alten und gut erhaltenen Tore durch Farben zu betonen.
Folgende Seiten:
Jedes Jahr am 3. März erinnert eine Feier an die Thronbesteigung Hassans II. Zu diesem Anlaß versammeln sich zwei Tage lang Politiker des ganzen Landes.

nachdem er seinem Land die Unabhängigkeit gegeben hatte. Die prächtigen Verzierungen des Gebäudes, in dem Mohammed V. ruht, zeugen von dem Respekt vor einem König. Skulpturen aus Holz und Marmor sowie Fayencemosaike aus grellroten, schwarzen und grünblauen Keramikfliesen, feinziselierte Bronzestatuen und prächtige Fenster laden zu Kontemplation und Sammlung ein.
Im Süden von Rabat erstreckt sich der großartige Königspalast: Als eigene Stadt in der Stadt steht der Palast auf dem beeindruckenden »Mechouar«, einem Platz, auf dem sich die Familien traditionsgemäß während der öffentlichen Feste versammeln. Wenn der König sich in Rabat aufhält, kann man (freitags zur Gebetszeit um 12.30 Uhr) zusehen, wie der Monarch mit seinem Gefolge den freien Versammlungsplatz überquert, um sich zur Moschee El Faeh zu begeben. Es ist eine feierliche, prunkvolle Prozession, die den Einfluß der Tradition und das starke Vertrauen der Gläubigen zu ihrem Monarchen demonstriert.
Um die Hauptstadt Rabat, Sitz der Staatsverwaltung und diplomatisches Zentrum Marokkos, mit Casablanca, dem wirtschaft-

Das Mausoleum von Mohammed V. ist ein wichtiger Pilgerort und ein Juwel der islamischen Kunst. Die Architektur, die Arbeiten aus Holz und Metall und die Fayencemosaike mit ihren gleichmäßigen Motiven laden zum stillen Verweilen ein.

Die Große Moschee Hassans II. ist nach Mekka der größte Gebetsort der islamischen Welt. Gigantisch und majestätisch erhebt sich ihr Minarett 200 m hoch. Etwa 10 000 Meister und Lehrlinge haben dieses Monument zu einer künstlerischen Glanzleistung gemacht.

lichen Mittelpunkt des Landes, besser zu verbinden, wurde die einzige Autobahn des Landes gebaut. Sie führt an der Küste entlang und überbrückt die Entfernung zwischen den beiden einflußreichen Städten. Nach Casablanca strömen sowohl die reichsten als auch die ärmsten Marokkaner; diese Stadt befindet sich in einer ständigen Entwicklung. Zu Beginn des Jahrhunderts war sie bedeutungslos und ohne historische Vergangenheit, doch dann entwickelte sich »Casa«, wie die Stadt genannt wird, allmählich zu einer gigantischen Metropole. Hier wohnen offiziell vier Millionen Menschen und so ist Casablanca nach Kairo, Alexandria und Lagos die viertgrößte Stadt Afrikas. Es ist üblich, »nach Casa zu gehen«, um dort Arbeit zu finden, die man in den armen Gegenden Marokkos meist vergeblich sucht. So wächst die Stadt weiter, legt eine hektische Betriebsamkeit an den Tag und weckt Energien und Hoffnungen. Wie an allen Orten, die die Träume der Menschen beflügeln, stößt man in »Casa« auf gewaltige Kontraste zwischen dem Pomp wohlhabender bürgerlicher Viertel (Beverly Hills erscheint ihnen gegenüber im Vergleich dazu nur als matte

Springbrunnen mit typischen Verzierungen aus gemusterten, bunten Fliesen. Rechte Seite: Die Architektur der Großen Moschee Hassans II. erfüllt den Raum mit Harmonie.

Kopie) und unzähligen ärmlichen, sehr lebhaften Vierteln. Der Sproß einer großen Familie aus Fès oder Marrakesch, der in die freie Wirtschaft gegangen ist, der alte Geschäftsgründer oder der junge Händler leben entschieden nicht in derselben Welt wie der alteingesessene Bewohner der Medina, wie der junge Schuhputzer oder der alte Berber, der das ferne Atlasgebirge verlassen hat, um etwas mehr zu verdienen... Casablanca ist eine sehr westliche Stadt. Das Stadtzentrum mit seinen Hochhäusern und Geschäftstürmen, seinen breiten, verkehrsreichen, brodelnden Boulevards, seinen großen Gärten und Plätzen ist ganz im Stil einer westlichen Großstadt gebaut. Die Hauptstraße, an der auf der Höhe des Boulevard Roudani auch das neue Einkaufszentrum Twin Center liegt, wird die »Champs-Elysées von Casa« genannt, denn hier konzentrieren sich schicke Läden, Restaurants, Kneipen

Frauen, bekleidet mit den traditionellen Gewändern von Essaouira, diskutieren in der Nähe der Festungsmauer. Die purpurfarbenen Mauern von Essaouira erinnern daran, daß sie aus dem farbigen Gestein aus dem Umland der Stadt hergestellt wurden.

• Essaouira, die »gut Gezeichnete« •

Die schmale Landzunge, auf der Essaouira liegt, war schon den phönizischen Händlern wohlbekannt und wurde auch von den Römern sehr geschätzt. Doch erst im Jahre 1765 entstand auf Geheiß des Alaouiten-Sultans Essaouira, die berühmte »gut Gezeichnete«. Die Portugiesen hatten hier schon zu Beginn des 16. Jahrhunderts einen kleinen Hafen und eine Festung namens Mogador erbaut, von denen später die Saadieten Besitz ergriffen. Doch der Alaouiten-Sultan wollte einen noch bedeutenderen Hafen erschaffen, der als Gegenstück zum Hafen des allzu rebellischen Agadir gedacht war. Mit dem Entwurf beauftragte der Sultan den gefangengehaltenen französischen Architekten Théodore Cornut, der das erste Tor der Kasbah entwarf und baute. Die Skala de la Kasbah mit ihren zahlreichen Kanonen, die Medina, die Mellah (das jüdische Viertel) und die Festungsmauern in ihrer heutigen Gestalt wurden kurz danach errichtet.

Vorhergehende Seiten:
Essaouira ist ein erholsamer Halt für den Reisenden, eine Oase der Frische, und gleicht einer blauweißen Blume, die einen Duft von Heiterkeit verströmt.

und kommerzielle Galerien. Etwas weiter entfernt, hinter dem Parc de la Ligue arabe, befindet sich an der von prächtigen, ockerfarbenen Gebäuden umgebenen Place des Nations-Unies das Zentrum der Stadtverwaltung. Der Justizpalast und die Präfektur liegen an einer riesigen, stets bevölkerten Grünfläche. Von hier aus kann man sehr gut den Sonnenuntergang bewundern: Das goldbraune und rötliche Licht beleuchtet eindrucksvoll die Mauern der Gebäude. Geht man die Avenue Hassan II zum Hafen hinab, stößt man auf die Place Mohamed V, die belebteste Kreuzung der Stadt, von der zahlreiche Avenuen und Boulevards abzweigen. Wie auch in anderen marokkanischen Städten ist die alte, ganz in der Nähe liegende Medina ein Labyrinth von Gassen, in dem man zahlreiche kleine Läden und Geschäfte findet: Schnellimbißrestaurants, Lebensmittelgeschäfte, Läden für Haushaltsgeräte, Kleidung und Tabak bieten den Passanten ihre Waren an.
Geht man hinter dem Hafen, der die Altstadt Casablancas verlängert, eine Weile in südlicher Richtung weiter, so gelangt man zu der prächtigen Moschee Hassans II. Die im äußersten Westen der islamischen Welt gelegene Synagoge wurde am 30. August 1993 eingeweiht. Nach Mekka ist sie die größte Gebetsstätte der islamischen Welt. Gigantisch und majestätisch erhebt sich ihr Minarett 200 m hoch in den Himmel. Der Gebetssaal kann mit einer Fläche von 20 000 m² 25 000 Gläubige fassen; auf dem Vorplatz finden weitere 80 000 Personen Platz. Die Moschee ist das Symbol der Einheit der Nation und des marokkanischen Volkes – schließlich haben sich alle Marokkaner an ihrem Bau finanziell beteiligt – und repräsentiert die lange Tradition und die Vitalität des marokkanischen Handwerks, denn fast 10 000 Handwerker, Meister und Lehrlinge haben an ihrer Errichtung und Verzierung mitgewirkt.
An der Bergstraße, die von Casablanca nach Süden führt, liegen unzählige Seebäder, Restaurants, Nachtlokale und sogar eine Jazzbar. In der Nacht, wenn die Straßen im Zentrum von »Casa« leer und die Familien sich wieder daheim zusammengefunden haben, herrscht hier Hochbetrieb. Das nächtliche Treiben zieht

allerdings vor allem die Europäer an; aus der islamischen Welt findet sich hier kaum jemand.

Die 350 km lange Strecke von Casablanca zur schönen, kleinen Stadt Essaouira ist ausgesprochen angenehm zu fahren. Mehrere Städte auf dem Weg sind einen längeren Aufenthalt wert. Nicht weit von »Casa« entfernt macht Azemmour den Anfang: Der Reisende erlebt eine typische marokkanische Kleinstadt. Mit ihrer von ockerfarbenen Wällen umgebenen kleinen Altstadt, den kleinen weißen Häusern und den blühenden Gärten verbreitet Azemmour eine ruhige Atmosphäre. In der am Ozean, an der Mündung des Oued Oum Er-Rbia gelegenen Stadt herrscht ein angenehmes Klima. Azemmour lebt von der Landwirtschaft.

Nach Überquerung des Flusses kann man die ehemalige portugiesische Stadt El Jadida entdecken, die heute 150 000 Einwohner beherbergt. Sie ist tief in der Vergangenheit verankert und gewinnt zunehmend an Bedeutung. El Jadida wurde von den Portugiesen gegründet und Anfang des 16. Jahrhunderts zu einer Handelsniederlassung gemacht; noch heute trifft man auf die Spuren

Die Mauern der alten Medina sind weiß, Türen und Fenster jedoch blau. Auf der Festungsmauer stehen portugiesische Kanonen. Im Hintergrund die Skala de la Kasbah.

Der Hafen von Essaouira ist berühmt für seine Bootsbauer und die Instandhaltung von Schleppnetzen.
Folgende Seiten:
In der Umgebung von Safi zeigt die Erde die ganze Vielfalt der Farbabstufungen des Lehmbodens.

der erbitterten Kämpfe, die sich Portugiesen und die Sultane der alaouitischen Dynastien um die Stadt lieferten. So erinnern etwa die Wälle, insbesondere die Bastion Saint Sébastian und die Bastion de l'Ange, noch eindrucksvoll an die Härte dieser Kriegszeiten. Heute sichern der Strand von El Jadida und der jüngst geschaffene Hafen der Stadt eine stetige wirtschaftliche Entwicklung.

Hinter Oualidia gelangt man auf der Küstenstraße nach Safi. Dank des Sardinenfischfangs und einer Industrie zur Gewinnung von Phosphat ist die Hafenstadt von großer Bedeutung für Marokko. Besonders die Altstadt ist reizvoll, allerdings wird der Besucher das schöne Essaouira bevorzugen, das etwa 100 km südlich liegt.

KODEN

Die glasierten Töpferwaren von Safi mit ihren metallischen Reflexen sind in ganz Marokko so beliebt, daß man sie in den meisten Haushalten vorfindet.

• Safi, Wiege der Töpferei •

Die Töpferwaren von Safi werden in Marokko sehr geschätzt. Einer alten Legende zufolge entdeckten Töpfer aus Fès, als sie sich in der Gegend von Safi befanden, Ton von so hoher Qualität, daß sie beschlossen, sich in dieser Stadt niederzulassen, um wertvolle Töpferwaren herzustellen.

Heute zeugen die etwa hundert Öfen der Töpfer auf einem der Hügel der Stadt von der großen Bedeutung dieses Handwerks.

Das Viertel der Töpfer, das den Hang dieses Hügels einnimmt, ist voller Läden, in denen man glasierte, sorgfältig verzierte und buntbemalte Teller, Schalen und Tajines kaufen kann. Die Töpfer haben sich zu einer Handwerkskooperative zusammengeschlossen und geben ihr Wissen in einer Schule weiter.

Essaouira ist für den Reisenden ein erholsamer Aufenthaltsort, eine Oase der Frische. Die kleine Stadt mit ihren blauen und weißen Häusern ist von einer Befestigungsmauer umgeben. Die Fassaden der kalkverputzten Häuser sowie die Türen und Fenster in ihren verschiedenen Blautönen strahlen die Kraft der Sonne wider, die durch den Wind gemildert wird.

Der gutgeschützte Hafen von Essaouira ist so groß, daß er eine beachtliche Flotte aufnehmen kann. Er wurde schnell zu einem der wichtigsten Anlaufpunkte für Karawanen aus der Sahara, die Gold, Elfenbein, Salz, Straußenfedern und Sklaven lieferten. Der Austausch von Produkten aus Europa, etwa Kattun, Gewürzen oder Tabak, und der Sahara konzentrierte sich zunehmend auf Essaouira, und zu Beginn des 19. Jahrhunderts wurden hier schätzungsweise 40% des an der Atlantikküste stattfindenden Handels abgewickelt. Hat dieser Handel auch im Laufe der Zeit nachgelassen, so sorgen doch Fischfang, Handwerk und Tourismus noch immer für Wohlstand, und Essaouira konnte sich seinen Charme bewahren. Es ist ein besonderer Charme, der von städti-

Die befestigte Stadt El Jadida erinnert an die erbitterten Kämpfe zwischen den Portugiesen und den Sultanen aus der Dynastie der Alaouiten.

schem Flair, einem klugen Lebensrhythmus, von der Schönheit der Frauen und der Brüderlichkeit der Männer, aber auch von der afrikanischen Tanzkultur geprägt wird: Als Brennpunkt der Mischkulturen – Berber, Araber, Saharabewohner, marokkanische Juden und Europäer kommen hier zusammen – bleibt Essaouira stark vom Geist der »Gnaoua« beeinflußt, jener religiösen Gemeinschaft, die einen in Trance versetzenden Tanz mit ekstatischen Sprüngen und eigene Riten kultiviert. Zahlreiche Künstler waren von Essaouira angetan: Saint-Exupéry, Orson Welles, Nicolas de Staël und Jimi Hendrix, der unbedingt die ganze Stadt kaufen wollte, gehören zu den zahlreichen Besuchern, die stets die Erinnerung an diese mysteriöse Stadt bewahrten.

Fährt man weiter in Richtung Süden, ändert sich die Landschaft kurz vor Agadir. Die Felsen steigen an, und die Farben werden kräftiger. Der große Badeort Agadir, in der Sous-Ebene zwischen dem Hohen Atlas und dem Antiatlas gelegen, empfängt jedes Jahr Hunderttausende von Touristen. Dreihundert Sonnentage im Jahr, ein wunderbarer, 10 km langer Sandstrand, ein mildes Klima, das

Die portugiesische Zisterne El Jadidas ist ein erhabener Ort voll geheimnisvoller Stille.

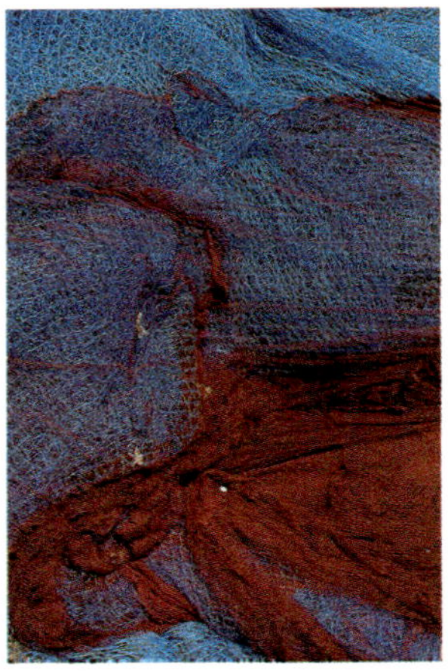

Die Fischernetze am Hafen von El Jadida bedecken die Erde wie farbige Teppiche.

intensive Blau des Himmels und des Ozeans – dies sind die Hauptgründe für den Andrang von Urlaubern, die hier Entspannung und sportliche Betätigung suchen. Der Erholungsort ist auch wirtschaftlich von Bedeutung. Im Viertel von Anza befinden sich Erdölreservoirs, Zementwerke und Fischkonservenfabriken, die den wichtigsten Fischereihafen Marokkos ergänzen. Obwohl die Stadt 1960 durch ein Erdbeben schwer beschädigt wurde, verzeichnet sie ein starkes ökonomisches Wachstum. Sie scheint sich den Satz von Mohammed V. zur Devise genommen zu haben: »Wenn das Schicksal die Zerstörung Agadirs beschlossen hat, so hängt der Wiederaufbau von unserem Glauben und von unserem Willen ab.«

Hinter den sieben Toren des Königspalastes liegt eine geheimnisvolle und wunderbare Welt.
Rechte Seite: Einer der ältesten Brunnen des alten Fès.
Folgende Seiten:
Fès, vom Borj Nord aus gesehen.

Wie ein Schnitt trennt das Rif den Norden Marokkos vom Rest des Landes – dies suggeriert schon der Klang seines Namens. Die Gebirgskette, deren Kamm etwa 150 km lang ist, ragt fast 250 km entlang der Mittelmeerküste empor. Von den geschwungenen Gipfeln bis hin zu der zerklüfteten Küste des Mittelmeeres bilden die jähen Gefälle dieses Gebirges wilde, vom heftigen Winterregen zerfurchte Landschaften, durch die sich reißende Wildbäche ihren Weg bahnen. In ihrer Lebensweise ganz an die landschaftlichen Bedingungen angepaßt, leben hier noch heute die Berber, lange Zeit die gefürchteten Herrscher dieser Region, die für Fremde als unzugänglich galt.

Der Weg nach Chefchaouen, einer kleinen, 800 m hoch gelegenen Gebirgsstadt, windet sich durch eine ausgesprochen idyllische Gegend mit schönen Dörfern, die sich von den ockerfarbigen Berghängen abheben. Oft sieht man Berber auf dem Rücken eines Esels zu den Märkten von Tetuan traben. Frauen, die mit ihrer »Fouta« und ihrer Kopfbedeckung mit Quasten bekleidet sind, gehören ebenso zum Bild des rauhen, ländlichen Lebens im Rif wie die

Zollfahnder auf der Suche nach Rauschgifthändlern, die das in diesem Gebiet häufig angebaute Haschisch schmuggeln. Dann erblickt man plötzlich Chefchaouen. Die in einem Tal versteckte Stadt, die aus der Ferne nicht zu entdecken ist, zeigt sich nun mit ihren roten Dächern und weißen Terrassen, ihren blauen Türen und Fenstern, die so typisch für den Mittelmeerraum sind. Es ist ein wunderbares Panorama. Das an einem Hang des kleinen Tals gelegene Chefchaouen wirkt durch seine würfelförmigen Häuser geometrisch und durch die verschlungenen Straßen der Innenstadt zugleich auch phantasievoll. Die Stadt wurde 1471 von dem arabischen Prinzen Ali Ben Rechid gegründet. Nachdem er Granada endgültig verlassen hatte, brauchte er einen festen Stützpunkt, von dem aus er die Stadt Ceuta angreifen konnte, deren sich der portugiesische König bemächtigt hatte. Die Kasbah und die Stadtmauer von Chefchaouen bezeugen noch heute dessen militärische Vergangenheit. Außerdem zeigt sich hier, wie auch in Tetuan, noch immer der Einfluß Andalusiens auf das Handwerk. War die Stadt einst einer der wichtigsten Orte Marokkos in der

Die Dächer der Universität El Karaouine zeigen die Farbe des Islam: Grün.

• Die Restaurierung der Medina von Fès •

Beeindruckt vom Leben in der Medina, schrieb Pierre Loti 1889: »O finsterer Maghreb, bleibe den neuen Ereignissen noch lange verschlossen und vermauert, wende Europa den Rücken zu und halte an der Vergangenheit fest.« Ein Jahrhundert später hat die UNESCO die Medina auf die Liste des »kulturellen Welterbes« gesetzt und die vollständige Restaurierung der Altstadt begonnen. Der marokkanische Staat hat ein Schutzprogramm aufgestellt, um die etwa fünfzig bedeutendsten Denkmäler zu erhalten, darunter auch viele Bauwerke. Die Kosten dieses großen Projekts werden auf insgesamt 600 Millionen Dollar veranschlagt. Die »Mâalems«, Meister des traditionellen Handwerks, sind damit beauftragt, die alte Bauweise wiederherzustellen und auch die Ornamente zu restaurieren, um den zukünftigen Generationen die ursprüngliche Medina überliefern zu können.

Die Medersa Bou Inania.
Die Medersa Es Sahrij.
Die Medersa El Attarine.

Eisen-, Leder- und Holzverarbeitung, so werden hier nun bemalte Gegenstände aus Zedernholz und kunstvolle Berberteppiche hergestellt. Chefchaouen ist eine Stadt, in der es sich angenehm leben läßt. Der Duft der Blumen und das Plätschern des Wassers, die Ausgelassenheit der jungen Frauen und die Anmut, mit der sie den »Haik« , ihren Schleier, tragen – das sind bleibende Eindrücke, die man aus dieser als heilig bezeichneten Stadt mitnimmt.
In dem hinter Chefchaouen liegenden Gebirge mit seinen Mandelbäumen, Pinien, Korkeichen und vor allem mit den unzähligen Zedern in etwa 2 000 m Höhe findet man viele Dörfer, in denen Berberstämme wohnen. Die Berber, meist Bauern, bauen auf den steilen Hängen der Berge Getreide, Mais, Hanf und Gemüse an. Viehzüchter hüten Ziegen- und Schafherden, die zugleich ihr wichtigstes Erbe darstellen. Esel und Maultiere sind widerstands-

fähige Helfer bei der harten Arbeit. Die Bewohner des Rif interessieren sich kaum für das Meer und den Fischfang, sondern sind ganz auf das Leben in den Bergen eingestellt und traditionell mit der Region verwachsen.

Am Fuß dieser legendären Gebirgskette, gewissermaßen in ihrem Schoß, liegen zwei herrschaftliche Städte: Meknes und Fès. Meknes ist zwar nicht ganz so berühmt wie ihre Nachbarin, aber doch bedeutend genug, um das »Versailles Marokkos« genannt zu werden. Die Stadt hat zwei unterschiedliche Teile: Sie erstreckt sich über zwei Plateaus, die durch den Oued Boukefrane getrennt sind. Der jüngere Teil liegt am rechten Ufer des Oued und bildet mit seinen großen, gleichmäßig gebauten Vierteln die Neustadt. Im anderen, am linken Ufer gelegenen Teil befinden sich die berühmte Residenzstadt und die Medina. Mit ihren 22 km langen Wällen, den

Reichhaltigkeit und Vielfalt der Motive kennzeichnen das marokkanische Holzhandwerk. Der »Fondouk« (Handelslager), der im Rahmen des UNESCO-Programms zur Restaurierung von Fès erneuert wurde, läßt ausgezeichnete Arbeit erkennen.

Auf den Terrassen des alten Fès wird Seide getrocknet.

gewaltigen Toren, den prächtigen Ruinen von Palästen und Kasernen und den blühenden Gärten, die aus einer anderen Welt zu sein scheinen, genießt sie ihren Ruhm zu Recht. Hier grenzt das Grandiose ans Übermaß.

Meknes wurde im 10. Jahrhundert von den Zenata gegründet, die aus dem großen Berberstamm der Meknassa hervorgingen. Da die Ebene, die sie besiedelten, sehr fruchtbar war und es viel Wasser gab, nannten die Berber die Stadt »Meknassa ez Zeitoun«, Meknassa bei den Olivenbäumen. Bis zum 17. Jahrhundert entwickelte sich die Stadt langsam im Schatten der großen Herrschaftsstadt Fès. Doch am Ende jenes Jahrhunderts veränderte sich Meknes grundlegend unter der Herrschaft des gefürchteten alaouitischen Sultans Moulay Ismail. Aus Mißtrauen gegen den rebellischen Geist der Einwohner von Fès und Abneigung gegen die gewitzte Art der Bürger Marrakeschs verlegte er seinen Sitz nach Meknes und ließ dort im Laufe seiner 55jährigen Herrschaft (1672–1727) 1 001 Bauwerke errichten. Obwohl die Gebäude, aus denen der Palast bestand, heute vollständig zerstört oder zerfallen

Das Dach der marokkanischen Häuser wird in der Medina stets genutzt. Auch die Terrasse hat zahlreiche Funktionen; hier trocknen die Gerber die Lederhäute.

sind, lassen doch einige Ruinen, etwa die unterirdische königliche Kornkammer, die gigantischen Ausmaße der alten Herrschaftsstadt erahnen. Etwas weiter entfernt stößt man auf die Überreste eines Gebäudes, bei dem es sich wohl um einen Komplex von Stallungen für die 12 000 Pferde des Sultans handelte. Sein Enkel, der Sultan Sidi Mohammed Ben Abdallah, errichtete im Süden ein mächtiges Schloß, den Dar El Beida, der heute eine angesehene Militärakademie beherbergt.

Man stößt in Meknes überall auf imposante Tore. Besonders die Tore zur Medina beeindrucken durch ihr prächtiges Aussehen. Das im Norden der Medina gelegene Bab Berdain wirkt durch seine monumentale Größe, während das im Westen gelegene Bab El Khemis durch den gewaltigen Reichtum seiner Dekorationen besticht. Das Bab Moulay Ismail – ebenfalls ein Zeugnis der brillanten islamischen Kunst – ist der Zugang zum Mausoleum von Moulay Ismail, der Grabstätte eines von den Marokkanern verehrten Sultans. Fès bildet einen Schnittpunkt der Verbindungswege zwischen dem Mittelmeer und Schwarzafrika, dem Atlantik und dem orien-

Die bedeutende heilige Stadt Moulay Idris liegt auf einem Hügel.

• Der Moussem von Moulay Idris •

Im Norden von Meknes liegt – ganz in der Nähe der Ruinen der römischen Stadt Volubilis – Moulay Idris, der wichtigste Pilgerort Marokkos. Jedes Jahr strömen Gläubige aus allen Regionen des Landes an das Grab des heiligen Moulay Idris, des Begründers des ersten islamischen Reiches im westlichen Maghreb. Diese Wallfahrt ist Anlaß für zahlreiche Feierlichkeiten und wird »Moussem« genannt. Dabei sind die »Fantasia«-Reiterspiele eine Hauptattraktion. Gemäß einem alten Ritus galoppieren die Reiter in traditionellen Kostümen, die ihre Stammeszugehörigkeit repräsentieren, und schießen mit ihrer »Mokalha« in die Luft, einem langen, mit Silber ausgelegten Gewehr, das seit dem 17. Jahrhundert benutzt wird. Doch der beeindruckendste Moment beginnt am Freitagabend und setzt sich bis in die Nacht fort: Die Gebete der Teilnehmer verschmelzen zu einem einheitlichen Klang, der sich zu einem mystischen Rausch steigert und schließlich in einer unvorstellbaren, läuternden Trance gipfelt.

2 Bis

Im gastfreundlichen Marokko steht dem Fremden die Tür stets offen.
Folgende Seiten:
Die Ruinen von Volubilis sind eine Art Freilichtmuseum, das an die Römer erinnert. Das Forum, das Herz der Stadt, ist vom Kapitol, einem Triumphbogen, Thermen und ehemaligen Wohnungen umgeben.

talischen Maghreb. Diese zum Teil von einer Stadtmauer umgebene Hauptstadt der Intellektuellen und der Gläubigen ist zweifellos die kostbarste aller marokkanischen Städte.

Fès ist die wichtigste Königsstadt, die heilige Stadt – Stadt der vielfältigen Gemeinschaften, der Organisationen und des Glanzes. Diese Hochburg des marokkanischen Großbürgertums ist eine aktive und vitale Stadt: Ob man sich nun in Fès El Bali befindet, dem berühmten Viertel, das die Emigranten aus Córdoba und Kairo im 9. Jahrhundert zum Domizil wählten, oder aber in Fès El Djedid, der »weißen Stadt«, deren Bau die Meriniden im 13. Jahrhundert befahlen – stets sind die Einwohner in Bewegung, betreten oder verlassen ein Haus, eine Boutique, eine Gasse, einen Garten oder eine Moschee. Der Überfluß an Lebensmitteln und Produkten aus allen Gebieten erinnert an die Zeit, in der die mit Gewürzen, Seide und Gold beladenen Karawanen an dieser ebenso beliebten wie nicht zu umgehenden Gabelung rasteten. Wie zu mittelalterlichen Zeiten haben Käufer und Verkäufer noch immer ihre Freude an dem Getreide, den Bohnen, Kürbissen, Aubergi-

Mit seinen würfelförmigen Häusern trägt das Stadtbild von Chefchaouen fast kubistische Züge, seine verschlungenen Straßen hingegen verleihen ihm etwas Geheimnisvolles.

Chefchaouen ist eine fröhliche Stadt, in der überall Kinder auf der Straße herumtollen.

nen, an Fleisch, Fisch und Gebäck. Fès ist auch eine Hauptstadt des Handwerks. Die Moscheen, die Paläste, die Medersas (Hochschulen für Theologie, islamisches Recht und andere Disziplinen), aber auch die Springbrunnen sind architektonische Meisterwerke, die von der Dekorationskunst der Ingenieure, der Geschicklichkeit der Holzbildhauer, der Mosaikkünstler und Keramiker beeindruckend Zeugnis ablegen. Die Handwerker aus Fès haben in der gesamten islamischen Welt ein hohes Ansehen. Die Fayencemosaike aus blauen, grünen, weißen oder schwarzen Keramikstücken zur Verzierung von Decken und Wänden sind mit Liebe zum Detail gearbeitet. Der Einfluß Andalusiens auf die Motive und das Gesamtbild ist unverkennbar. Das dominierende Blau schafft eine heitere, frische Atmosphäre. Obwohl die Viertel der Medina voneinander unabhängig sind, kann man in jedem einzelnen sehen, wie aus der Treue zur spanisch-islamischen Kunst Meisterwerke entstehen.
Während in der Verschönerung von Fès der erlesene Geschmack der verschiedenen Sultane seinen Ausdruck findet, veranschaulichen die kulturellen Einrichtungen und Lehranstalten den festen

Willen der Sultane, die Herrschaftsstadt zu einer Hochburg der Intellektuellen zu machen. Die Universitätsmoschee El Karaouine und die sieben Medersas sind Beispiele hierfür. Diese Idee fiel auf fruchtbaren Boden und prägte nachhaltig das geistige Klima der Stadt. Die kritischen, rebellischen Intellektuellen freilich wurden ebenso von einigen Sultanen wie von den später in Marokko eindringenden Franzosen gefürchtet. »Istiklal« (Unabhängigkeit): Immer wieder erklang während der fünfzig Jahre dauernden französischen Herrschaft dieses Wort in den Mauern der Moschee El Karaouine. Die Medersas strahlen eine Mischung von Vitalität und Ruhe aus. Bu Inania und El Attarine sind die reizvollsten. Da viel Sorgfalt auf die Herstellung der Holzskulpturen und Fayencekacheln verwandt wurde, zeigt sich die Eigenheit der Bou Inania in der Ausgewogenheit der Ebenen und der Erhabenheit des Gebäudes. Es gibt viel Wasser in dieser Medersa; selbstverständlich findet man es im großen Reinigungssaal mit seinen wohlgefüllten Brunnenbecken, an denen sich die Studenten, Händler und Ladeninhaber reinigen, bevor sie in die Gebetshalle gehen.

Das gewaltige Tor Bab El Mansour, Eingang zum Mausoleum von Moulay Ismail in Meknes.

Das Mausoleum von Moulay Ismail. Die glanzvolle Schönheit der islamischen Kunst drückt sich besonders gut in der Kalligraphie aus. Sie singt das Lob Gottes und vereint die Gemeinschaft der Gläubigen.

• Das Mausoleum von Moulay Ismail •

Das Mausoleum von Moulay Ismail besteht aus zwei Sälen, von denen nur einer für Nichtmuslime zugänglich ist. In diesem Raum stehen zwölf Säulen, die eine prächtige Kuppel stützen. Der Saal aber, in dem der von den Marokkanern wegen seines unbändigen Unabhängigkeitsdranges und seines Mutes im Krieg sehr bewunderte Sultan ruht, ist bedeutend größer.

In den Sälen zeigt sich die islamische Kunst in ihrem höchsten Glanz. Die Fayencemosaike mit ihren gleichmäßigen Motiven, die Stuckarbeiten und die Gipswände scheinen durch ihre Schönheit Gott und seinen Schützling zu besingen. Wie die Kalligraphie, so vereinen auch die Arabesken geometrische Strenge mit phantasievollen Formen.

Der Rhythmus dieser Formen fesselt den Blick und versetzt den Betrachter in eine Welt, die Wahrheit und Schönheit miteinander zu vereinen scheint.

Vor dem Bau der Straße, die über den Gebirgspaß Tizi n'Tichka führt, war Telouet, ein großes Dorf in 1 800 m Höhe, einer der Durchgangsorte für die Karawanen.
Vorhergehende Seiten:
Die Hochebenen des Atlas mit dem Mgoun-Massiv am Horizont.

Im Herzen Marokkos erhebt sich eine Gebirgskette von gigantischem Ausmaß: der Hohe Atlas. Seine verschiedenen Bergzüge bilden einen Ringwall von fast 700 km Länge, der von hoch aufragenden, mächtigen Gipfeln ebenso wie von weiten Tälern und steil abfallenden Felsschluchten geprägt wird. Mehr als hundert Gipfel der geologisch weiterhin aktiven, höchst komplexen Gebirgsregion liegen über 3 500 m Höhe. Der Hohe Atlas ist nicht nur das Wasserreservoir Marokkos, sondern bildet auch eine natürliche Trennwand, da seine nördlichen Hänge sich einer vom milden Mittelmeerklima bestimmten Welt, die südlichen Hänge jedoch den endlosen Weiten der Saharawüste zuwenden. Diese Barriere

Die Stadt Rich.
Die Kasbah Tagoundaft an der Straße nach Tizi n'Test.

aus Basalt, Kalkstein und Lehm kann an drei Stellen mit Kraftfahrzeugen überwunden werden: bei Tizi n'Test und Tizi n'Tichka sowie auf einer Piste, die auf den Hochebenen in der Nähe von Imilchil beginnt und an den Schluchten von Dades und Todrha endet. Zahlreiche Berberstämme bewohnen diese ferne, vielfältige Gebirgswelt, die ihren traditionellen Lebenswandel sowie ihre Identität in hohem Maße bestimmt. Fünf mächtige Gebirgsmassive bilden, von Nordost nach Südwest, den Hohen Atlas: der von hohen Zedernwäldern geprägte Djebel Ayachi, der aus weiten Hochebenen bestehende Djebel Mourik, der Djebel Mgoun, dessen Kalksteingipfel die Landschaft majestätisch überragen, der Djebel Toubkal, höchstes Massiv der Gebirgskette, und der Djebel Ras Moulay Ali, mit dem der Gebirgswall in der Nähe von Agadir endet. Die in allen Teilen siedelnden Berber haben bis heute ihre Sitten und Gebräuche, ihre soziale Organisation und eine ganz spezielle Lebensweise bewahrt. Weit von der Zivilisation entfernt, leben sie als Bauern und Hirten an den Hängen und in den Tälern dieser majestätischen Natur. Es gibt mehrere Wege, diese geheim-

Die Winter sind hart in den Hochebenen des Atlas.

nisvollen, freien und gläubigen Männer und Frauen sowie ihre legendäre Gastfreundschaft und Großzügigkeit kennenzulernen. André Fougerolles schreibt hierzu in seinem Werk über den Hohen Atlas: »Ein erstaunlich weitläufiges Netz von belebten Wegen und Pfaden ermöglicht es jedermann, entsprechend seiner Vorliebe und seinen Fähigkeiten an den gewählten Bestimmungsort zu gelangen. Im Winter und Frühjahr allerdings benötigt man die Ausrüstung eines Bergsteigers oder Skifahrers, um bis zu den Gebirgspässen und Gipfeln vordringen zu können. Zahllose Dörfer, Weiler und abgelegene Orte in bis zu 2 400 m Höhe beherbergen die rauhe, tatkräftige und stolze Bevölkerung. (…) Ohne Zweifel eine fesselnde Welt, die man einfach kennenlernen muß.«
Die ländliche Welt der Berber mit ihren ehrwürdigen Traditionen ist ebenso anziehend wie vielfältig. Die unterschiedlichen Landschaften haben eine große Zahl von verschiedenen Stämmen, Dialekten und Gebräuchen hervorgebracht. Drei Hauptgruppen kann man unterscheiden: die »Beraber«, die »Tamazirht« sprechen, leben noch als Nomaden und Halbnomaden und ziehen in

der Regel zwischen dem Osten des Hohen Atlas, dem Mittleren Atlas und den Tälern des Ziz, des Todrha oder des Dades umher; die »Chleuh« (Schlöh) genannten Berber hingegen sprechen »Tachelhait« und leben als seßhafte Bauern im mittleren und westlichen Hohen Atlas sowie im Antiatlas; die »Rifkabylen« schließlich, die von den Zenata-Berbern abstammen, wohnen im Rifgebirge und sprechen »Tarifi«. Durch die Araberfeldzüge des 8. bis 12. Jahrhunderts wurden die eingeborenen Berber, die selbst aus dem Orient, teilweise auch aus Ostafrika stammen, islamisiert und zu gläubigen Muslimen bekehrt. Die kämpferischen, freiheitsliebenden und stolzen Berber waren untereinander oft in Streitereien um den Besitz des knappen Acker- und Weidelandes oder die Auftriebswege für das Vieh verwickelt. In seinem Buch *Berberstämme des Hohen Atlas* schreibt André Bertrand: »Die ursprüngliche Kultur der Stämme ist – besser: war – äußerst komplex, in ihrer Vielschichtigkeit vergleichbar mit einem aus Tausenden von kleinen Fäden gewobenen Teppich. Doch als Frankreich die Bergstämme befriedete, indem es für einige Jahre den Zugang zu den Auf-

Die Tichka-Region.
Folgende Seiten:
Das Tal des Dades ähnelt stellenweise dem amerikanischen Westen.

Dades. Boumalne du Dades. Todrha-Schlucht.

triebswegen versperrte und später die regionale Selbstverwaltung auflöste, zerriß dieses feingesponnene Gewebe. Heute zerbröckelt die alte Verfassung, und eine ganze Lebensweise ist dem Untergang geweiht.« Insbesondere eine Tatsache scheint diese düstere Beobachtung zu bestätigen: Die Häuser, in denen traditionsgemäß Großfamilien lebten, werden heute nur noch von wenigen Personen bewohnt. Die Kasbah, gewöhnlich »Ksar« genannt (Plural: Ksour), repräsentiert die alte Siedlungsform der patriarchalischen Berbergesellschaft. Das befestigte Dorf wurde aus Stampflehm errichtet, das heißt mittels einer Bauweise, bei der tonhaltige Erde in Bretterschalungen gefüllt und getrocknet wurde. In der Kasbah

Das Tal des Dades ist die Straße der »tausend Kasbahs«. Von Wind und Wetter gezeichnet, prägen sie die Landschaft.

wohnt die ganze Sippe; auch die Ernte und die Tiere werden hier untergebracht. Die Mauern sind hoch und fest, um möglichen Angriffen zu widerstehen, kleine Öffnungen dienen als Fenster und sorgen für Kühle im Innenhof. Die Architektur ist den Bedürfnissen des gemeinschaftlichen Leben angepaßt: Man lebt in fünf- oder sechsstöckigen Großfamilienhäusern, geordnet nach patriarchalischen Prinzipien. Von mächtigen Wällen umgeben, kommt die Kasbah einer Zitadelle gleich, die auch eine Moschee, gemeinschaftliche Kornspeicher, bisweilen »Agadir« genannt, und einen öffentlichen Platz beherbergt. In den Tälern des Todrha und des Dades sowie in einigen Oasen der Sahara sind die Kasbahs zwar noch mit Leben erfüllt, doch sieht man sie immer häufiger zu Ruinen verfallen, verlassen von den Bewohnern, die es vorziehen, sich mit ihrer Kernfamilie in kleinere Behausungen zurückzuziehen. Wenn sich die Stämme auch zunehmend zersplittern, der Mann – mit Ausnahme des Kriegers – seine Vorrechte verloren hat und die Nomaden allmählich seßhaft werden, so leben die Berber doch weiter in sehr enger Verbindung mit der Natur und dem Rhythmus

der Jahreszeiten. Wie vor langer Zeit bearbeitet der Bauer seine Felder im Herbst noch immer mit einer einfachen Hacke. Der Winter ist am härtesten; dies ist die Zeit, da die Familie Kälte und Schnee ertragen muß und in der die »Lastenträgerin des Zeltes«, die Frau, manchmal große Mengen Brennholz herbeitragen muß. Der Frühling ist die Jahreszeit der Fruchtbarkeit, in der der Bauer Gerste und Weizen aussäen kann, und der Hirte das Tal verläßt, um die Sommerweiden aufzusuchen. Es ist auch die Zeit, in der es Wasser im Überfluß gibt, die hohen Flüsse die Windmühlen antreiben und damit die Produktion von großen Brotmengen ermöglichen. Im Sommer, zur Erntezeit, müssen die Frauen doppelt hart arbeiten: daheim und auf den Feldern. Der Sommer in der mittleren Gebirgslage, der Duft von Rosmarin und Erdbeerbaum verstärken das Gefühl von Lebenskraft, das die Landschaft ausstrahlt. Im zentralen und im westlichen Hohen Atlas sind es Wacholder, Aleppokiefern, grüne Eichen, Nußbäume und weiter westlich Arganienbäume, die Berg und Tal mit ihren Farben bereichern.

Felder von Obstgärten, Palmen und Rosenstöcken säumen den Oued Dades.

Rechte Seite:
Tinerhir ist eine kleine, wohlhabende Stadt, die von den schönsten Palmenhainen des Südens umgeben ist.

Einmal pro Woche lassen die Männer die Tagesroutine hinter sich und gehen zum Souk, um zu kaufen und zu verkaufen. Dieser Wochenmarkt ist ein Ort der Zusammenkunft für alle Berber, die im Umkreis leben. Die Männer treffen sich, um zu handeln und Informationen auszutauschen. Ringsum warten geduldig ihre treuen Fortbewegungsmittel und Lastenträger, die Esel oder Maultiere.
Den Abschluß der landwirtschaftlichen Arbeiten bildet zwischen Juli und September die Saison der Feste. Diese überall im Atlas stattfindenden Feiern sind in mehrfacher Hinsicht bedeutsam. Es trifft sich nicht nur eine große Anzahl ganz unterschiedlicher Dorfbewohner für mehrere Tage; hier haben auch die Familien Gelegenheit, sich kennenzulernen und Ehepartner für ihre Kinder zu finden. Tatsächlich ist die Festsaison eng mit den Hochzeitsfeiern verbunden. Einige Tage lang hallen die Klänge verschiedener

Eine Frau aus der Gegend von Tissint mit Silberschmuck.
Linke Seite:
Junge Berberfrau aus dem Atlas. Nach einer Redensart ist die Frau die »Lastenträgerin des Zeltes«, und ein marokkanisches Sprichwort lautet: »Wenn du eine glückliche Frau siehst, so wisse, daß sie für ihr Glück etwas tut.«

Schmuckstücke sind für die Berber sehr wichtig. Ein Sprichwort lautet: »Wer schön sein will, muß ertragen, daß man ihm die Ohren durchsticht.«

Instrumente, Gesänge und das Geräusch des Händeklatschens von den Hochebenen, Tälern und Gebirgshängen wider. Die eng mit der Musik und den poetischen Gesängen verbundenen Tänze sind rituell festgelegt. Die Hauptform dieser getanzten Musik ist der »Ahouch«. Die Männer halten eine Trommel in Form eines Bechers oder auch einer Flöte in der einen Hand und schlagen sie mit der anderen. Auf die hypnotisierende Musik antworten die hinter den Trommlern im Kreis stehenden Teilnehmer mit melodiösen, poetischen Gesängen. Dieser Kreis wird meistens von den tanzenden, stets schön geschmückten Frauen gebildet. An Festtagen verwenden sie besonders viel Sorgfalt auf ihre Haartracht, die Schminke und die silbernen Schmuckstücke. Ihr Haar, das geflochten, hochgesteckt oder auch gefärbt sein kann, ist ein Zeichen ihrer Stammeszugehörigkeit, ebenso wie Schminke und Tätowierungen, die das Gesicht verschönern und vor dem »bösen Blick« schützen. Die Stadt Imilchil, Sitz der Verwaltung des auf den Hochebenen lebenden Stammes Ait Hadiddou, ist einer der bekanntesten Orte für dieses jährlich stattfindende Treffen. Der Moussem (das Fest),

Der Dolch ist der treue Wegbegleiter des Berbers. Oft wird er durch ziseliertes Silber geschmückt.

den man dort einmal im Jahr veranstaltet, wird »Heiratsmarkt« genannt und lockt Hunderte von Personen an. Das hohe Ansehen und die Beliebtheit dieses Moussem lassen sich mit der magischen Atmosphäre erklären, die hier herrscht. Die beiden großen Seen Isli und Tisli, die nicht weit vom Festplatz entfernt liegen, symbolisieren für die Berber die Liebe. Vor langer Zeit sollen hier ein junger Mann und eine junge Frau, die sich sehr liebten, doch deren Familien ihnen die Ehe verweigerten, so sehr geweint haben, daß ihre Tränen zwei Seen voller Melancholie bildeten. Zur Feier dieses Mythos organisieren die Ait Hadiddou dieses Fest, auf dem Tiere, Stoffe und Getreide gekauft und verkauft werden und auf dem vor allem heiratswillige Männer und Frauen zusammenkommen. Die jungen Frauen, aber auch die Witwen und die Geschiedenen wählen die Männer aus, die für die Ehe kandidieren. Ihre langsamen, wiegenden Tänze werden von den Musikern begleitet, die stundenlang ihre Trommeln schlagen. Während der abschliessenden Zeremonie tanzen die Neuvermählten, die vor den »Doul« (Notar) getreten sind, den »Ahidous« und singen das Ritornell der Liebe.

Der weite Süden des Landes mündet in die Sahara. Hier liegen die afrikanischen Wurzeln Marokkos. Das Reich der Oasen und zahlloser Kasbahs war die Hochburg der meisten Dynastien. Die Landschaft dieser ruhmreichen Region steckt voller Gegensätze: Inmitten des Ozeans aus Felsen, Steppe und Sand, über den ein heißer Wind hinwegfegt, bilden Palmenhaine, die grünen, fruchtbaren Ufer der Oueds und Rosenanpflanzungen Inseln des Lebens.

Das Tafilalet ist eine Oase der Frische in höchster Vollendung: Zwischen Er Rachidia, der Hauptstadt dieser Region und Wiege der Dynastie der Alaouiten, und Erfoud bildet das Flußbett des Ziz eine Ebene, in der Hunderttausende von Dattelpalmen stehen. Dieses prächtige, grüne Flußtal wird auch das »Mesopotamien des Maghreb« genannt. Als strategisch wichtiger Ort für die Beziehungen zwischen Schwarzafrika und Nordafrika spielte das Tafilalet in der Geschichte der wirtschaftlichen Entwicklung Marokkos eine entscheidende Rolle. Hierher mußten die Karawanen aus der Sahara und die Händler aus den großen Handelsmetropolen wie Fès,

Die Kasbah Ait Benhaddou in der Nähe von Ouarzazate wurde von der UNESCO auf die Liste des »kulturellen Welterbes« gesetzt.

Tlemcen und Kairo, die ihre Produkte in den großen Städten Nordafrikas verkaufen wollten. Sijilmassa war im Mittelalter die berühmte Hauptstadt des Tafilalet und der Schnittpunkt, an dem der bedeutende Karawanenverkehr zusammentraf. Heute jedoch gibt es hier nur noch einige Ruinen. Hinter Erfoud, Richtung Merzouga, erinnern die ersten Sanddünen am Horizont an die ungeheuren Strapazen, die die Durchquerung der Wüste mit sich brachte. An den Toren der sich stets erneuernden Wüste, die dem unverständlich bleiben muß, der sich ihr nicht mit Leib und Seele hingibt, begreift man die afrikanische Seele des marokkanischen Südens.
In Richtung Westen liegt die wohlhabende, kleine Stadt Tinerhir, die von einem der schönsten Palmenhaine des Südens umgeben ist. Als Durchgangsstadt zwischen dem Hohen Atlas und dem Djebel Saghro beherrscht sie den Ausgang der Todrha-Schlucht, dieser schmalen, 300 m tief reichenden Felsschlucht, und bildet den Anfang der berühmten »Straße der Kasbahs«. Zwischen der Dürre der felsigen Ausläufer des Atlas und der Fruchtbarkeit seiner Palmenhaine verschmilzt Tinerhir mit der Landschaft, und seine rosa-

Nahe bei Ouarzazate markiert die Kasbah Tiffoultoute den Eingang des Dra-Tals.
Ebene von Ziz.
Eingang der Kasbah Ait Benhaddou.
Folgende Seiten:
Der El-Mansour-Eddahbi-Stausee in der Nähe von Ouarzazate mit seinem großen See.

Die beeindruckende Kasbah Taourirt in der Nähe von Ouarzazate sollte man sich unbedingt ansehen. Oase Fint.

und erdfarbenen Häuserblocks ragen in den blauen Himmel. Begibt man sich auf der »Straße der Kasbahs« in der Ebene des Dades nach Ouarzazate, gelangt man zu einem eindrucksvollen Schauspiel der Natur: zu den Schluchten des Dades. Das gewaltige, durch Erosion gebildete Faltengebirge erstrahlt in prächtigen Farbtönen, von rot bis malvenfarben; man blickt auf Ksour, die im wesentlichen aus dieser bunten Erde geschaffen wurden und die Landschaft auflockern, ohne sich jedoch farblich von ihr abzuheben. Hinter Boumalne du Dades, das am Anfang dieser wunderbaren Strecke steht, gelangt man nach El Kelaa des Mgouna. Dieser Ort ist berühmt für seine Destillationsfabriken, in denen Rosenwasser hergestellt wird. Das Gesamtbild der prächtigen Kasbahs und der, teils flachen, teils hügeligen Landschaft mit ihren Feldern und Obstgärten wird durch die unzähligen Rosenstöcke noch verschönert, und der berauschende Duft der Rosen verstärkt das Gefühl von Freiheit, das auf dem Weg nach Ouarzazate noch wächst. Inmitten grüner Landschaftsflecken gelegene Kasbahs folgen aufeinander: Dar Ait Souss, Dar Aichil, El Kabbaba und die schöne Siedlung Amerhidil,

die man im ausgedehnten Palmenhain von Skoura entdecken kann. Diese üppige Oase mit ihren Rosenstöcken, Mandel-, Apfel- und Kirschbäumen wurde im 12. Jahrhundert von Yacoub El Mansour gegründet und bildet die Grenze des Dades-Tales zum Mgoun-Massiv. Etwa 40 km weiter, nachdem man ein trockeneres Gebiet und den Stausee El Mansour Eddahbi hinter sich gelassen hat, gelangt man zu einer wichtigen Abzweigung: nach Ouarzazate. Hier, am Tor zum weiten Süden Marokkos, laufen die Wege von Agadir, Marrakesch und aus dem Dra-Tal zusammen. Ouarzazate, 1928 als strategische Garnisonsstadt errichtet, ist zu einem bedeutenden Zentrum der regionalen Wirtschaft geworden. Die große Anzahl von Geschäften mit ihren rosa gestrichenen Fassaden, die Souks unter freiem Himmel und die kleinen Handwerksläden unterstreichen die Bedeutung der Stadt als örtliches Handelszentrum und Treffpunkt für die Bauern aus der Umgebung. Rosenwasser und Moschus, Zimt und Henna, Kümmel, Ingwer und Paprika werden hier ebenso feilgeboten wie Silberschmuck, farbige Stoffe und die Ouzgita-Teppiche mit ihren

Oase Fint.

Das Dorf Adai, nahe bei Tafraoute.

• Tafraoute •

In einem Gebirgstal des Antiatlas liegt in 1 200 m Höhe Tafraoute, eine wunderschöne kleine Stadt, umgeben von Hügeln aus rosafarbenem Granit. An den Hängen liegen große, durch Erosion abgetragene Granitblöcke, die an ein Erdbeben oder an Meteoriten denken lassen. An manchen Stellen berühren sie die rosa oder rot gestrichenen Gebäude. Palmen und Mandelbäume verstärken noch die Schönheit dieser Landschaft. Zu Beginn des Frühlings, wenn die Mandelbäume mit weißen und rosafarbenen Blüten bedeckt sind, ist das kleine Tal besonders reizvoll.

Das Spiel des Lichts auf Felsen und Bäumen läßt die Farbtöne in roten, ocker- und malvenfarbenen Nuancen glänzen. Es ist wohl der Traum eines jeden Chleuh-Berbers, im Norden durch einen Gewürzladen oder durch ein Geschäft in einer großen Stadt zu Geld zu kommen, um dann hierher zurückzukehren, ein Stück Land zu kaufen und ein Haus zu bauen.

Die felsigen Bergspitzen mit den Dörfern im Gebiet von Tafraoute.

blauen und vergoldeten geometrischen und symbolischen Motiven. Mit seinen zahlreichen Hotels ist Ouarzazate ein beliebter Touristenort; außerdem ist es die marokkanische Stadt, in deren Umgebung die meisten Filme gedreht wurden: »Lawrence von Arabien«, »Himmel über der Wüste« oder »Die letzte Versuchung Christi« sind wohl die bekanntesten Filme, die in der trockenen und farbigen Landschaft dieser Gegend entstanden. Auch die Bewohner Casablancas schätzen diese Region, und wenn sie die Möglichkeit und die Mittel dazu haben, fahren sie hierher, um sich zu erholen. Zu den bedeutendsten Sehenswürdigkeiten gehört die Kasbah von Taourirt. Sie wurde von dem gefürchteten letzten Glaoui-Pascha von Marrakesch erbaut. Ihre hohen Mauern aus ockerfarbenem Stampflehm wirken mit ihren Türmen, Schießscharten und kleinen Fenstern wie ineinander verschachtelt. Im Innern der Gebäude sieht man wunderbare Decken aus geschnitztem Zedernholz. Hier und dort, in einem nicht mehr bewohnten Gebäude beispielsweise, belebt ein Storchennest das Bild. Die befestigte Stadt Ait Benhaddou, etwa 20 km von

Region von Tafraoute.

Ouarzazate in Richtung Marrakesch gelegen, gehört fraglos zu den berühmtesten Ksour Marokkos: Das von der UNESCO zum »kulturellen Welterbe« erklärte, an einen Berg gelehnte Dorf zieht die Aufmerksamkeit einer wachsenden Besucherzahl auf sich. Die großen, stufenförmig angelegten Behausungen fügen sich so gut in das Gebirge, daß man meinen könnte, sie seien mit diesem verwachsen. Palmen und Mandelbäume, die hier angepflanzt wurden, machen die Landschaft noch reizvoller.

Von Ouarzazate bis Mhamid an der algerischen Grenze bewässert der Oued Dra eine 200 km lange Flußtaloase, die sich durch sehr fruchtbare Erde und vielseitige Vegetation auszeichnet. Dieser der Wüste trotzende Fluß durchquert das Meer der ockerfarbenen Sanddünen – mehr als 1 000 km Wüste –, bevor er den Ozean erreicht. Charles de Foucauld schreibt 1884 in seinem Werk *Dank an Marokko*: »In der Tiefe des Tals, das die Ufer des Oued Dra bilden, liegt ein wunderbarer Garten: Hier stehen Feigen- und Granatbäume dicht beieinander, vermischen ihr Blattwerk und werfen ihren dichten Schatten; weiter oben wiegen die Dattel-

Im Februar zeigen die Blüten der Mandelbäume eine von Rosa bis Weiß reichende Farbpalette. Eine Moschee mit eckigem, rotem Minarett, charakteristisch für die Architektur von Tafraoute.

palmen im Wind. (...) Alles weist auf eine reiche Vegetation hin: Neben verschiedenen Getreidearten wächst unter den Palmen und Obstbäumen Gemüse, man sieht Weinlauben und Pavillons aus Stampflehm, erholsame Plätze, in deren Schatten und Frische man die warmen Stunden des Tages verbringt. (...) Viele Ksour sind auf den beiden Seiten der oberen Hänge verteilt: nur wenige im Tal, weil der Boden sehr wertvoll ist und Angst vor Überschwemmungen herrscht. Alle haben sie jene Eleganz, die für die Bauwerke des Dra typisch ist; die Mauern sind mit Zierleisten und Zeichnungen bedeckt und haben geweißte Zinnen; (...) Selbst die ärmlichsten Häuser sind mit kleinen Glockentürmen, Bogengängen und Geländern geschmückt.«

Auf dem langen Weg nach Zagora, einem großen Dorf an den Toren der Sahara, biegen sich Dattelpalmen unter ihren gelben Früchten, und die Felder, die reich mit rosafarbenen Lorbeeren, mit Akazien, Orangen-, Zitronen- und Mandelbäumen, mit Gemüse und Getreidearten bepflanzt sind, scheinen eine Ode an das Leben zu summen.

Inmitten der Menara-Gärten scheint sich der Pavillon dem verschneiten Atlas zuzuwenden.
Rechte Seite:
Die Stadtmauer von Tiznit, das zwischen Tafraoute und Agadir liegt.

Marrakesch, die Hauptstadt des Südens von Marokko, gleicht einem Juwel in einem Schmuckkästchen. Die in der Ebene des Haouz gelegene und von grünen Palmenhainen umgebene Stadt ist eine rote Perle, über der sich die verschneiten Gipfel des majestätischen Atlasgebirges erheben. Sobald der Besucher sie, von Norden her kommend, erreicht, wird er von der Magie dieses Ortes berührt. Je weiter er sich der berühmten Stadt durch die flache, trockene Landschaft nähert, desto deutlicher zeigen sich die Berge des Hohen Atlas in ihrer ganzen Größe: Riesig, massiv und jäh, wirken sie unerreichbar. Als wollten sie den Reisenden grüßen und ihm Glück versprechen, neigen die Palmen ihre Blätterbüschel. Nach der Überquerung des Oued Tensift, des ersten Tores von Marrakesch, scheint die Stadt wie in orangefarbenes Rot und blendendes Ocker getaucht, das die Nähe der Wüste ahnen läßt. Der Eindruck, daß man sich in einer Oase am Tor zu einer Welt befindet, die sich vom Norden Marokkos durch ihr trockenes, strengeres Klima unterscheidet, wird durch die Hitze noch verstärkt. Marrakesch ist eine betriebsame, lebendige Stadt.

Die lange, von morgens bis abends belebte Avenue Mohamed V bildet die wichtigste Verbindung zwischen der Neustadt, die durch das Viertel Guéliz repräsentiert wird, und der Altstadt mit ihrer großen Medina, dem berühmten Platz Djemaa El Fna, der Kasbah und ihren Palästen. Diese Straße gibt einen guten Vorgeschmack auf die geheimnisvolle Energie, die Marrakesch verbreitet. Hier herrscht lebhafter Verkehr von Autos, Mopeds, Fahrrädern und den für das Land typischen Kaleschen. Außerdem ist sie ein Treffpunkt der Jugend, die sich stark an westlichen Vorbildern orientiert. Die jungen Männer und Frauen, die sich zwischen der Place du 16 novembre und der Place Abd El Moumin Benali einfinden, diskutieren freimütig miteinander und flirten, obwohl die islamischen Sitten der Frau eine solche Freizügigkeit verbieten. Diese jungen flanierenden, nach westlichem Vorbild gekleideten Abenteurerinnen geben Gelegenheit, die sinnliche, betäubende Schönheit der Frauen aus Marrakesch zu bewundern. Die »Gazelle«, wie sie seit langem genannt wird, hat ein ovales, längliches Gesicht und einen Mandelblick. Über den großen, runden schwarzen Augen

Das Kobaltblau des Majorelle-Gartens kontrastiert mit dem üppigen Grün, das das Haus umgibt.

Die zahlreichen Gewürze verfeinern den Geschmack und steigern die Qualität vieler Gerichte.

• Tajine mit Fleisch und Backpflaumen •

Das Rezept dieses süß-salzigen Gerichts lautet für vier Personen wie folgt: 1 kg Hammelfleisch, eine Handvoll Backpflaumen, zwei Zwiebeln, etwas Butter, Safran, Zimt, drei Löffel Honig, Mandeln, zwei Löffel Öl, Salz und Pfeffer nach Geschmack.

Man zerläßt die Butter und gibt das in Stücke zerkleinerte Fleisch gemeinsam mit Zwiebeln, Safran, Salz, Pfeffer und einem Glas Wasser hinzu. Dies läßt man etwa eine Stunde lang bei schwacher Hitze kochen, nimmt dann das Fleisch heraus und ersetzt es durch die Backpflaumen, den Zimt und den Honig. Nach einer weiteren Viertelstunde mischt man das Fleisch mit den restlichen Zutaten wieder unter die Soße. Nun kann das köstlich duftende Ragout serviert werden. Man legt zuerst das Fleisch auf den Teller und ergänzt es durch Soße und Backpflaumen.

sitzen dichte, doch nicht buschige Brauen. Die Blicke dieser durchdringenden und stolzen Augen sind wie Blitze: flüchtig, kurz und intensiv. Die schlanke, manchmal gebogene Nase im kupferfarbenen Gesicht ist ein recht charakteristisches Merkmal. Die Backenknochen springen leicht vor, und der Mund öffnet sich zu einem breiten Lächeln. Die fülligen Lippen sind samten. Das kräftige und gewellte pechschwarze Haar umwogt das Gesicht wie eine Welle, die an einem Fels im Sande ausläuft.

Der Eindruck orientalischer Energie, sinnlich und berauschend, verstärkt sich noch, wenn man die Avenue Mohamed V wieder hinaufgeht, um zum Platz Djemaa El Fna zu gelangen. Alles strebt zu diesem Platz: Er ist das Zentrum, das Herz von Marrakesch. Djemaa El Fna zeigt je nach Tageszeit ganz unterschiedliche Gesichter. Bei Sonnenuntergang wirkt er besonders atemberaubend. Von einer Terrasse im dritten Stock eines der Hotelrestaurants kann man dem Schauspiel beiwohnen, wenn die Sonne den Himmel und die Stadt in feuriges Licht taucht. Allmählich füllt sich jetzt der Platz, bis es von Menschen nur so wimmelt. Einzelne

Die Färber geben ihre Traditionen seit langer Zeit an die Nachkommen weiter.

Marrakesch ist die Stadt der Rosen. Der freundliche und offenherzige Empfang, den die meisten Handwerker des Souk dem Besucher bereiten, steht im Einklang mit dem Bemühen, in Harmonie mit der Welt zu leben. Dies drückt sich auch in der Schönheit der Handwerksprodukte aus.

Gruppen bilden einen Kreis um Musiker, Tänzer und Händler. Diese Kreise aus fünfzig bis hundert Personen wirken erstaunlich ruhig und aufmerksam im Vergleich zu den Strömen von Menschen, die über den Platz ziehen. Das Kommen und Gehen der Fußgänger, Fahrräder, Motorräder, Karren und kleinen Taxis in der Medina, deren Mittelpunkt Djemaa El Fna ist, verleihen dem Leben auf dem Platz seinen treibenden Rhythmus. Das Durcheinander von Schellentrommeln, Trompeten, den Glocken der Wasserträger, Vogelgezwitscher, Radios, Autohupen und klatschenden Händen erfüllt mit seinem Getöse die ganze Gegend. Am Rand des Platzes sieht man die Souks der Medina, und zwischen ihnen und dem Platz bilden zahlreiche Orangensaftverkäufer eine Grenze. Bei Sonnenuntergang läßt die Sonne einen strahlenden gelben und orangenen Lichthof entstehen, und im schwächer werdenden Licht verschmilzt die Stadt mit ihren flachen Dächern allmählich zu einer Masse, die in der Dunkelheit verschwindet. Die ersten elektrischen Lichter oder Petroleumlampen kündigen bereits die Nacht an. Das Blau des Himmels verschwindet hinter rosafarbenen

Djemaa El Fna ist ein Platz, der sich ständig verändert und unendlich viele faszinierende Eindrücke bereithält.

Die Souks öffnen sich mit ihren fensterlosen Läden nicht nur dem Besucher, sondern auch dem Wind.

und gelben Nebeln. Die Sonne wirkt wie eine enorme, auf Augenhöhe hinabgesunkene Feuerkugel. In den Wolken kann man seidenartige Arabesken erkennen und die einzelnen Abstufungen der intensiven Farbtöne bestaunen. Die lichterfüllten, warmen Töne leuchten noch eine Weile, werden schwächer und gehen allmählich in Dunkelheit über, die schließlich alles in nächtliches Schwarz taucht. Nun übernehmen die Sterne ihre Rolle als Himmelswächter. Nach Einbruch der Nacht begegnet man im westlichen Teil des Djemaa El Fna vielen Straßenhändlern. Hier befindet sich auch das Hauptquartier der Kriminalpolizei, die mit strengem Blick das Treiben der selbsternannten Fremdenführer überwacht, jener jungen Arbeitslosen, die gegen Geld Führungen durch die Medina anbieten. An einer Vielzahl von Ständen gibt es etwas zu essen: Kuskus, gegrillte Fleischgerichte, Gemüsesalate, »Harira«, Gemüse und überbackenen Fisch... Doch nicht nur die mobilen Restaurants beleben das Viertel abends auf verführerische Weise. Ringsum sieht man auch traditionelle Musiker, deren auf die Kultur der Berber zurückgehende Gesänge und Tänze bei den Bewohnern der

Die Tajines stehen für eine raffinierte Kochkunst.

Medina, die ja zum größten Teil Berber sind, viel Anklang finden. Daneben lassen Gaukler den Geist der »Gnaoua« weiterleben; sie sind Experten dieser Riten und Mitglieder einer religiösen Gemeinschaft, die von den ehemaligen sudanesischen Sklaven abstammt. Wahrsager, Heilmittelhändler aus dem Ourika-Tal oder der Sahara, Schlangenbeschwörer und Wasserverkäufer – sie alle sorgen dafür, daß Djemaa El Fna ein wundervoller Platz ist, der die Menschen zusammenführt und ihnen ein Gefühl der Gemeinschaft vermittelt. Dieser Ort des Austauschs ist wie ein Wohnzimmer für die große Familie, die die Medina darstellt.

Am Morgen verändert der Platz sein Aussehen und wird zum Markt. Ganz allmählich bereitet er sich auf das bunte Treiben der Souks vor. Die großen, stark besuchten und sorgfältig organisierten Souks von Marrakesch werden ihrem legendären Ruf mehr als gerecht. Auf einen Souk zu gehen gleicht gewissermaßen dem rituellen Übergang in eine andere Welt. Die zahllosen Läden am Rand der langen und gewundenen Gassen sind nach Berufsgruppen und Artikeln geordnet. Die Textilienhändler bieten bunte

»Djellabas« an, drapieren Schleier und Stoffe, Kaftane, buntbemalte oder in sich gemusterte Gewänder. Das eigentümliche, milde und gedämpfte Licht, das durch die Gitterwerkabdeckungen aus Holz und Schilfrohr dringt, beleuchtet die abwechslungsreiche, sich stets wandelnde Szenerie. Die Holzhandwerker verkaufen gut gearbeitete Gegenstände aus Zedern-, Nußbaum- und Olivenbaumholz oder aus den Wurzeln von Zitronenbäumen. In ihren fensterlosen Läden präsentieren sie ihre Geschicklichkeit und ihren Einfallsreichtum, schneiden, bildhauern und ziselieren. Etwas weiter bieten der Souk für Ziegenlederwaren und der Souk der Lederpantoffelhersteller die Gelegenheit, orientalische Polster, Taschen und Lederpantoffeln in leuchtenden Farben sowie traditionelle Sättel und Pferdegeschirre an. Der Geruch des Leders hat seit langem Besitz von diesen Vierteln ergriffen. An anderer Stelle üben die Goldschmiede und die Metallbearbeiter ihr tausendjähriges Handwerk aus: Die phantasievollen Formen der Arabesken wirken flüssig und gleichmäßig, und zugleich ist die Komposition der Motive strukturiert und durchdacht. Noch deutlicher

Die Qualität des Handwerks entspricht der ausgeprägten Lebenskunst.

Djemaa El Fna ist der zentrale Platz von Marrakesch, auf dem sich Tag und Nacht Hunderte von Marokkanern einfinden.

zeigt sich die Originalität des marokkanischen Handwerks auf dem Souk der Teppichhändler: Die in den Fenstern, auf den Mauern oder der Erde ausgebreiteten Teppiche mit ihren sorgfältig gestalteten Motiven bestechen vor allem durch die vielfältigen, warmen Farbtöne mit ihren feinen Farbabstufungen. Das marokkanische Handwerk, die Blüte der islamischen Kunst, sucht die Ausgewogenheit der Komposition, um einen Abglanz des Geistigen in das Irdische, die geschaffenen Werke, zu tragen. Diese Ästhetik ist das Erbe tradierter Weisheit und zeigt große Lebenskunst. Der gastfreundliche Empfang, den die meisten Handwerker, die zugleich unübertroffene Händler sind, dem Besucher in den Souks bereiten, steht im Einklang mit dem Streben nach Glück und dem Bedürfnis nach Harmonie – beides ist in der Schönheit der Handwerkserzeugnisse wiederzuerkennen.

Die Koutoubia-Moschee, die mit ihren 70 m Höhe die Stadt überragt, ist sicher das repräsentativste Zeugnis für die große Frömmigkeit der almohadischen Sultane. Von vielen Stellen in Marrakesch aus ist die Moschee sichtbar, so daß sie für die Einwohner der

Die Falkenjagd wird nur von wenigen Privilegierten betrieben. Schlangenbeschwörer zählen zu den pittoresken Attraktionen auf dem Djemaa El Fna.
Folgende Seiten:
Eine Gruppe aus der Region von Tissint während des nationalen Folklorefestes.

Medina und der Neustadt wie ein Leuchtturm ist. Als bestes Beispiel für die spanisch-maurische Kunst weckt die Koutoubia Erinnerungen an Erhabenheit und Größe. Vor ihren Mauern wurden einst Schriften verkauft, deshalb nennt man sie auch »Moschee der Buchhändler«. Das schlanke und hohe Minarett ist mit reliefartigen Geflechten und gemalten Verzierungen versehen. Die gleichmäßigen Arabesken, die rautenförmigen Geflechte und die das Licht reflektierenden Fayencemosaike sind ein Schauspiel für die Augen. Mit ihren zahlreichen Säulen, Kuppeln und kleeblattförmigen Bögen macht die Koutoubia einen majestätischen Eindruck.
Im Norden der großen Moschee breiten sich die Viertel der Kasbah rund um die Saaditengräber, den El-Badi-Palast und den Dar El Makhzen, den Königspalast, aus. Die Gräber waren seit 1557 die Nekropolen der saaditischen Sultane. Sie erinnern an den Einfluß der scherifischen Dynastie, die zwei Jahrhunderte lang regierte und unter deren Herrschaft Marrakesch zu beträchtlichem Wohlstand gelangte. Vom El Badi-Palast gibt es nur noch Ruinen, aber diese lassen die Konstruktion aus prunkvollen Zeiten erahnen.

Durch Abkochen der getrockneten Blätter des Hennastrauches erhält man eine rote Tinktur, mit der anläßlich einer Heirat oder eines Moussem Muster auf Hände und Füße der Frau gemalt werden. Diese sehr verbreiteten Malereien sollen den »bösen Blick« fernhalten. Folgende Seiten: Eine Truppe aus der Imintanoute-Region während des nationalen Folklorefestivals.

• Nationales Folklorefestival von Marrakesch •

Jedes Jahr findet Anfang Juni in den Ruinen des großen El-Badi-Palastes von Marrakesch ein fünfzehntägiges nationales Folklorefest statt. Hunderte von Teilnehmern kommen aus allen Regionen Marokkos und führen etwas vor. Gesänge und Tänze – etwa die der »Gnaoua, die kollektiven Tänze »Ahouch» und »Ahidous», das Ballett der Sahara, die kriegerischen Tänze des Rif und des Hohen Atlas – vermitteln einen umfassenden Eindruck von der Kultur und der Folklore Marokkos.

Das Fest ist eine Gelegenheit, die große Vielfalt dieser Folklore zu entdecken. Auch die Marokkaner, die begeistert daran teilnehmen, schätzen es sehr. Jeden Tag um 17 Uhr findet die »Fantasia« statt: Diese stürmische Reitervorführung drückt auf stolze und wilde Art die große Bedeutung der tief im marokkanischen Leben verwurzelten Rituale aus.

Die »Fantasia« genannten Reiterspiele zählen zu den Höhepunkten der Moussems. Alten Riten gemäß galoppieren Reiter in traditionellen Kostümen, die ihre Stammeszugehörigkeit unterstreichen, und schießen mit ihrer »Mokalha«, einem langen, mit Silber ausgelegten und seit dem 17. Jahrhundert bekannten Gewehr, in die Luft.
Reiter in festlicher Kleidung anläßlich eines Moussem.

Nachdem Moulay Ahmed El Mansour, Sultan der Saaditen, eine entscheidende Schlacht über die Portugiesen gewonnen hatte, ließ er im Jahre 1578 einen prächtigen Empfangspalast errichten. Von diesem Bauwerk blieben jedoch nur noch Reste übrig, denn der Alaouiten-Sultan Moulay Ismail befahl, es niederzureißen. Es muß eine prächtige Komposition aus weißem Marmor, farbigen Mosaiken, Stuck, wertvollem Holz und Gold gewesen sein. Die mythische Schönheit dieses Ortes bildet einen Kontrast zu der farbenfrohen Pflanzenfülle in den Gärten der Neustadt. Die schattigen Gärten von Ménara, Majorelle und Agdal sind Oasen, in denen man sich erholen und der brennenden Sonne entkommen kann.

Wissenswertes vor Reiseantritt

Informationsstellen: Staatliches Marokkanisches Fremdenverkehrsamt (O.N.M.T.), Graf-Adolf-Straße 59, 40210 Düsseldorf, Tel.: 0211-370551, Fax: 0211-374048.
In Österreich gibt es keine Vertretung, dort wende man sich an die Botschaft.
In der Schweiz: Schifflände 5, 8001 Zürich, Tel.: 01-2527752, Fax: 01-2511044.

Reiseveranstalter vor Ort:
Das Staatliche Marokkanische Fremdenverkehrsamt unterhält überall im Land Büros: 22, Avenue d'Alger, Rabat, Tel.: 002127-730562, Fax: 002127-727917; Immeuble A, Place du Prince Hèritier Sidi Mohamed, Agadir, Tel.: 002127-846377, Fax: 002127-846378;
55, Rue Omar Slaoui, Casablanca, Tel.: 002127-271177;
Place Abdelmoumen Ben Ali, Marrakesch, Tel.: 002127-436131, Fax: 002127-436057;
29, Boulevard Pasteur, Tanger, Tel.: 002127-948661, Fax: 002127-948050.

Einreisebestimmungen: Ein gültiger Reisepaß genügt. Europäer benötigen weder Visum noch Impfbescheinigung. Bei der Einreise muß eine „carte d'embarcation" ausgefüllt werden, die neben anderem die Angabe einer Adresse verlangt. Wer mit dem Auto einreist, muß die Fahrzeugpapiere dabei haben sowie eine grüne Versicherungskarte für Marokko. Fahrzeuge werden bei der Einreise in den Reisepaß eingetragen.

DIPLOMATISCHE VERTRETUNGEN MAROKKOS:
Marokkanische Königliche Botschaft, Gotenstraße 7, 53175 Bonn, Tel.: 0228-367950, Fax: 0228-357894.
In Österreich: Donaustraße 13-15, 1020 Wien, Tel.: 01-5866650, Fax: 01-5867667.
In der Schweiz: Helvetiastraße 42, 3005 Bern, Tel.: 031-3510362, Fax: 031-3510364.

VERTRETUNGEN IN MAROKKO: Botschaft der Bundesrepublik Deutschland, 7 Zankat Madnine, B.P. 235, Rabat, Tel.: 002127-709662, Fax: 002127-706851.
Österreichische Botschaft, 2, Rue Tiddas, Rabat, Tel.: 002127-764003, Fax: 002127-765425.
Schweizer Botschaft, Square de Berkane, Rabat, Postfach 169, Tel.: 002127-706974, Fax: 002127-705749.

IMPFUNGEN/GESUNDHEIT: Malariaprophylaxe wird derzeit nicht empfohlen. Empfohlene Impfungen sind die gegen Tetanus und Polio. Vor Reiseantritt sollte man auf jeden Fall einen Arzt konsultieren, um sich über die aktuellen Impfvorschriften zu informieren.

LANDESWÄHRUNG: Marokkos Währungseinheit ist der Dirham (DH). 100 Dirham kosten in Deutschland 15,50 DM (Stand vom 10.11.1997). 1 DH sind 100 Centimes. Es gibt Münzen zu 5, 10, 20, 50 Centimes, von 1 und 5 DH sowie Scheine von 10, 50, 100 und 200 DH. Die großen Hotels und die meisten Geschäfte und Restaurants akzeptieren Kreditkarten und Reiseschecks.

ZOLLBESTIMMUNGEN: Landeswährung darf nicht ausgeführt werden. Für Touristen bestehen vereinfachte Zollbestimmungen, so dürfen Dinge des täglichen Bedarfs eingeführt werden. Dazu gehören auch kleine Hi-Fi-Geräte, eine Schreibmaschine, 200 Zigaretten und 2 l Wein. Zollfrei ausgeführt werden darf alles, was zollfrei eingeführt wurde sowie Souvenirs. Die Ausfuhr (und Einfuhr) von Waffen ist streng verboten.

ANREISE – FLUGGESELLSCHAFTEN: Die Royal Air Maroc und die Lufthansa bieten von Deutschland Linienflüge nach Marokko an. Außerdem wird Marokko von zahlreichen Charterfluggesellschaften angeflogen. Größere Flughafen gibt es in Agadir, Casablanca, Fès, Marrakesch, Rabat und Tanger.

LAND UND LEUTE

GEOGRAPHIE: Marokko liegt an der Nordwestecke Afrikas, es ist der südliche Anrainerstaat der Meerenge von Gibraltar.
Die Entfernung von Deutschland beträgt ungefähr 2000 km. Marokko hat etwa 2500 km sind Atlantikküste und 500 km Mittelmeerküste. Nachbarstaaten sind Mauretanien und Algerien.
Kultivierte Küstenniederungen und Flußtäler wechseln mit Plateaus, die zuerst in Hochgebirgszüge mit dichten Bergwäldern und später langsam in Hochsteppen übergehen. Datteloasen neben Sanddünen und die

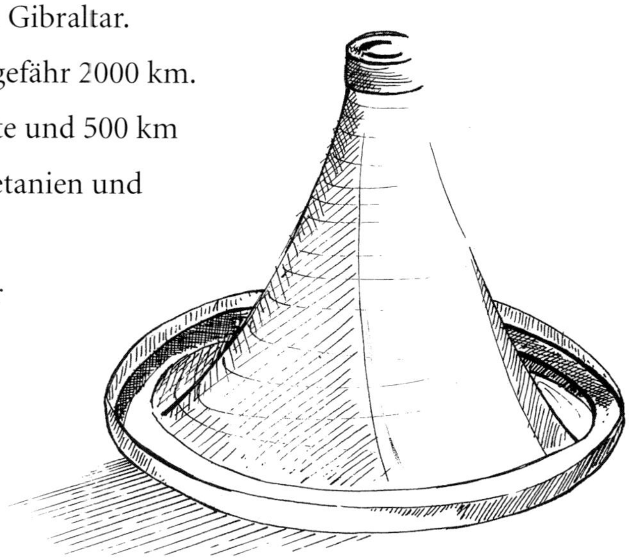

Steinwüste (Hamada) schließen sich im tiefen Süden an. Das Rif-Gebirge mit seiner höchsten Erhebung, dem Djebel Tidiquin (2448 m), begleitet die Mittelmeerküste. Der alles dominierende Atlas teilt Marokko in den fruchtbaren Nordwesten und den wüstenhaft trockenen Südosten, sein höchster Punkt ist der mit 4167 m höchste Berg Nordafrikas, der Toubkal.

FLÄCHE: 485 730 km² (Deutschland: knapp 357 000 km²) und 252 120 km² Westsaharagebiet, das von Marokko annektiert wurde und als „integraler" Bestandteil des Landes gilt.

HAUPTSTADT: Rabat (seit 1912) mit 1,4 Millionen Einwohnern.

STAATSFORM: Konstitutionelle Monarchie. König Hassan II. regiert seit 1961 das Land.

WIRTSCHAFT: Phosphat, Zitrusfrüchte, Textilien, Olivenöl, Datteln und Fischkonserven sind die wichtigsten Exportartikel. Marokko ist größter Phosphat-exporteur der Welt und einer der größten Erzeuger von Sardinenkonserven, Agadir ist der größte Sardinenfischereihafen der Welt. Die Tourismusbranche stellt einen wesentlichen Wirtschaftsfaktor Marokkos dar.

KLIMA: Das Kernland Marokkos gehört wie Südeuropa zur gemäßigten, subtropischen Klimazone. Das Landesinnere ist vom Kontinentalklima geprägt und unterliegt aufgrund seiner Gebirgszüge erheblichen Klimaschwankungen mit heißen Sommern und kalten Wintern. Der Süden bildet den Übergang zum Wüstenklima. Eine Reise nach Südmarokko (Agadir, Marrakesch, Wüstenvorland) sollte man am besten im Winter unternehmen. Für eine Besichtigungsreise eignen sich am besten das Frühjahr und der Herbst, besonders verlockend ist die Frühjahrsblüte im Norden. Im Hochsommer ist es an der Atlantikküste und im Gebirge angenehm, baden kann man an der südlichen Atlantikküste in der Regel das ganze Jahr hindurch.

ORTSZEIT: Mitteleuropäische Zeit (MEZ) –1 Stunde im Winter, –2 Stunden im Sommer.

BEVÖLKERUNG: 26 Millionen, in der Mehrzahl Araber, davon die Hälfte jünger als 15 Jahre; etwa die Hälfte der Bevölkerung lebt inzwischen in der Stadt. Rund die Hälfte der Bevölkerung ist berberischen Ursprungs und lebt überwiegend auf dem Land, die einzige marokkanische Großstadt mit einer berberischen Bevölkerungsmehrheit ist Marrakesch. In Marokko lebt heute die größte jüdische Gruppe (knapp 100 000 Menschen) innerhalb eines arabischen Landes. Hauptsächlich in den Oasenregionen Südmarokkos leben die Haratin, Nachfahren von schwarzen Sklaven, die seit dem 16. Jh. in Westafrika zwangsrekrutiert wurden.

RELIGION: 99 % der Bevölkerung sind sunnitische Moslems (Islam ist Staatsreligion), es gibt jüdische und christliche Minderheiten. Zur Zeit des Fastenmonats Ramadan darf tagsüber weder gegessen noch getrunken werden, daher kommt das öffentliche

Leben in dieser Zeit fast ganz zum Erliegen. Die Mahlzeiten werden dann von Sonnenuntergang bis Sonnenaufgang eingenommen und sind besonders üppig.

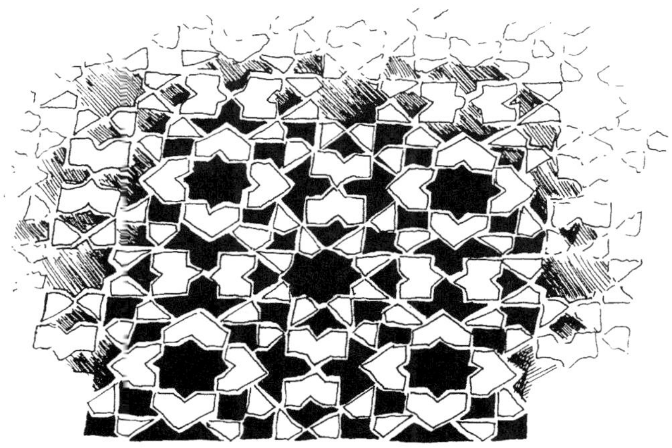

Sprache: Arabisch ist offizielle Landessprache. Daneben gibt es mehrere arabische Dialekte und das von den Berbern gesprochene Tamazight. Französisch ist seit der Kolonialzeit Verkehrs-, Bildungs- und Handelssprache. Fremdsprachen sind Englisch, Spanisch und Deutsch.

Touristische Attraktionen:
Casablanca ist eine hektische Wirtschaftsmetropole mit 2,7 Millionen Einwohnern. Zur Attraktion wurde die Grande Mosquèe Hassan II, mit der sich Marokkos König ein Denkmal gesetzt hat. Es ist ein gigantisches Gotteshaus, das Gläubige wie Touristen aus aller Welt magisch anzieht. Sie kann als einzige Moschee auch von Andersgläubigen betreten werden.
Der malerische Ort Chefchaouen im Rif-Gebirge ist eine Reise wert.
In der Provinzhauptstadt El Jadida wurden 1917 portugiesische Zisternen als einziges Überbleibsel einer ehemals portugiesischen Stadt freigelegt.
Fès ist die älteste und an Kunstschätzen wie auch an Baudenkmälern reichste der vier marokkanischen Königsstädte. Es war einst das geistige und politische Zentrum des Islam und bis 1912 Landeshauptstadt. Seine Altstadt Fès El-Bali wurde in die Liste des Weltkulturerbes der UNESCO aufgenommen.
Marrakesch ist eine der faszinierendsten Städte Marokkos. Sehenswert sind die Souks der Medina von Marrakesch sowie

der Place Djemaa El-Fna, der vormittags als Marktplatz fungiert. Nachmittags wird er zu einer großen Unterhaltungsbühne mit Gauklern, Feuerschluckern, Schlangenbeschwörern und anderen Künstlern. Wegen seiner zentralen Lage gehen von hier auch die meisten Stadtbesichtigungen aus.
Die Festungsstadt Meknes mit seinen imposanten Stadtmauern von fast 20 km Länge liegt am nördlichen Ausläufer des mittleren Atlas. Sie beherbergt eine der prächtigsten Grabmoscheen des Landes, die des Moulay Ismael. Eingebettet zwischen Olivenhainen liegen in unmittelbarer Nähe der Pilgerort Moulay Idris und die Ruinen der Römerstadt Volubilis.
In Rabat sind erwähnenswert die Kasbah der Oudayas, die Nekropole und das Mausoleum von Mohammed V.
Auch das Atlas-Gebirge ist eine Reise wert. Das Dades-Tal und die Strasse der tausend Kasbahs sowie das aus mehreren verschachtelten Kasbahs bestehende Wehrdorf Aet-Benhaddou bei Ouarzazate sollte man sich nicht entgehen lassen.
In Marokko finden außerdem das ganze Jahr über zahlreiche kleinere und größere Feste sowie religiöse Feierlichkeiten statt.

Verkehrsmittel: Marokko verfügt über ein dichtes Inlandflugnetz, die Flüge sind preiswert. Die Royal Air Maroc bietet Anschlußflüge für Marokkourlauber an. Auch die Zugverbindungen sind recht gut. Die Strecke Rabat – Casablanca wird im Stundentakt bedient. Die Fahrtzeit beträgt eine Stunde. Andere Verbindungen von und nach Casablanca sind Tanger, Marrakesch und Meknes. Meknes ist desweiteren mit Tanger und Oujda verbunden. Busfahren ist die ideale Art, in Marokko zu reisen, es bestehen häufige und zumeist pünktliche Busverbindungen selbst in abgelegene Regionen. Mit der staatlichen CTM-LN konkurrieren zahlreiche private Busgesellschaften. Eine Alternative zum Bus ist das vielerorts eingesetzte Sammeltaxi (taxi-collectif). Mietwagen sind in Marokko sehr teuer, hartes Verhandeln nützlich, denn die Preise sind sehr unterschiedlich.

Landesküche: Raffinierte Küche. Es gibt zahlreiche Gemüsesorten, Fische und Gewürze. Das Nationalgericht ist Tajine, ein Ragout aus Fleisch, Geflügel oder Fisch mit geschmortem Gemüse, Oliven, Mandeln, Backpflaumen oder eingelegter Zitrone. Couscous ist die kulinarische Spezialität des Maghreb und wird aus Hartweizengries mit Fleisch, Gemüse und einer pikanten Sauce serviert. Es ist traditionell das Familienessen für den Freitag. Harira ist eine köstliche, dickflüssige Lammfleischsuppe. Mechoui, im Ofen oder am Spieß gebratenes Schaf, ist ein Festmahl. Spieße mit Rind oder Hühnchenfleisch werden auf den Straßen und Märkten angeboten. Die Kesra ist das Vollkornbrot für alle Mahlzeiten. Den Abschluß bilden häufig saftige Backwaren mit Mandeln, Honig und dem Öl der Arganie. Das marokkanische Nationalgetränk ist der Pfefferminztee (Thè à la menthe), der eine Kombination aus grünem chinesischen Tee mit frischer Minze ist. Meist ist er stark gesüßt. Als Erfrischungsgetränke empfehlen sich frische Fruchtsäfte, man sollte nur darauf achten, daß ihnen kein Wasser hinzugefügt wird. Mineralwasser sollte man immer aus verkronten Flaschen trinken. Alkohol ist den gläubigen Moslems verboten, wird aber in Touristenzentren und in den großen Hotels sowie den gehobenen Restaurants angeboten.

Redaktionsschluß: November 1997.

Jacques BRAVO: Seiten 11, 12, 13, 14-15, 16, 18, 20-21, 22, 28 u, 30, 35, 36-37, 39 r, 40-41, 42 ul, 43, 44-45, 49, 54-55, 58 o, 59, 61 u, 62 u, 63, 64-65, 73, 76, 77, 80, 85 ul, 88-89, 90, 91, 92-93, 94, 96, 97, 100 o, 101, 103 o, 113, 125, 126, 127 u, 138, 140-141, 142, 143.

Jean-Léo DUGAST: Seite 132.

Michel RENAUDEAU: Seite 42 o.

Xavier RICHER: Seiten 8-9, 17, 19, 23, 24, 25, 26-27, 28 o, 29, 31, 32, 33, 34, 39 l, 42 ur, 46, 47, 48, 50, 51, 52, 53, 56, 57, 58 u, 60, 61 o, 62 o, 66, 67, 68, 69, 70-71, 72, 74-75, 78, 79, 81, 82-83, 84, 85 o, 85 ur, 86, 87, 95, 98-99, 100 u, 102, 103 u, 104, 105, 106, 107, 108, 109, 110-111, 112, 114, 115, 116-117, 118, 119, 120, 121, 122-123, 124, 127 o, 128, 129, 130 o, 130 b, 131, 134, 135, 136, 139, 144-145, 146, 147, 148-149.

Philippe SAHAROFF: Seiten 130 l, 137.

Emmanuel VALENTIN: Seite 133.

Alle Fotografien im Vertrieb von: HOA-QUI Paris.

o: oben; u: unten; l: links; r: rechts